KB042629

어려운 척하지 않는 만만한 철학 읽기

철학자
도감

토마스 아키나리 지음 | 서희경 옮김

소보 LAB

시작하며

"철학은 소용없어!"
"철학은 너무 어려워"
"철학자의 말장난 같아!"

네, 맞아요. 많은 사람이 철학에 대해서 이렇게 생각하지요. 그런데 어째서인지 우리 일상과 무관해 보이던 철학에 끌릴 때가 있습니다. 일이 잘 안 풀릴 때, 소중한 무언가를 잃었을 때 그리고 자기 자신이 불안하게 느껴질 때….

"아니, 나는 괜찮아. 그럴 때는 술 한잔하거나, 재미있는 드라마를 보고, 음악도 듣고, 친구들과 이야기를 나누다 보면 대부분 해결되니까!"

물론, 그런 정서적인 방식으로 해소할 수도 있습니다.

하지만, 인생의 문제들은 그러한 '기분'만으로 해결될 만큼 간단하지 않음을 여러분들도 알고 있을 것입니다.

기분 전환은 근본적인 해결책이 아니며, 해결 자체가 불가능함을 깨닫고 이내 포기하게 됩니다. 그래서 많은 이들이 철학을 공부하려고 합니다.

그렇지만, 왠지 철학은 문턱이 높다고나 할까요?

읽고 바로 이해하기가 쉽지 않습니다. 어떤 철학이 자신에게 적합한지도 모르겠고요. 그래서 다양한 입문서를 찾습니다. 그마저도 몇 장 읽다 보면 '이거, 입문자용 맞아? 어렵잖아!'라는 답답함이 들지요. 재미가 없기도 하고요.

이 책은 복잡한 철학을 핵심만 간추려 간략하게 설명합니다. 시대를 대표하는 철학자 60명의 사상을 한 명당 4페이지 분량으로 소개하고 있습니다.

〈본문〉은 철학자가 주창한 이론을 최대한 쉽게 설명하고자 했습니다. 하지만, 철학이다 보니 이해가 안 되거나 골치가 아플 수도 있지요. 그럴 때는 유머러스한 일러스트를 보며 잠시 머리를 식혀보시길 바랍니다.

〈연습문제〉는 해당 철학자의 사상을 알기 전의 생각을 보며 '철학자의 시점에서 생각해 보면 어떨까?'로 재확인하는 형식으로 구성했습니다.

〈사고방식의 힌트!〉는 본문과 연습문제와의 관련성을 떠올려 보도록 구성했습니다. 이 단계에서 다시 본문을 읽어봐도 좋겠습니다.

〈해답·해설〉은 해당 철학자의 사상과 비교하여 연습 문제의 내용 중 무엇이 잘못되어 있는지 보여줍니다. 문제와 해설을 통해서 사상의 내용을 더 명확하게 이해할 수 있을 것입니다.

이 책에는 일관성이 없는 내용이 있습니다. 예를 들어, 어디서는 '욕망을 억제하라'고 하고, 다른 페이지에서는 '쾌락을 추구하라'는 상반된 주장을 합니다. '신은 존재한다'고 하더니 뒤에 가서는 '신은 죽었다'고 하고, '사후세계는 존재한다'고 말해 놓고, '죽으면 모든 것은 사라진다'고 하는 등 모순된 사례들이 등장할 것입니다.

하지만 걱정하지 마세요.
철학자들이 제멋대로 이치를 주장하는 것은 아닙니다. 역사의 흐름 속에서 변해온 사고방식들을 한데 모으니, 앞뒤로 모순이 생긴 것이지요.

복식이 유행을 타듯이 사상에도 유행이 있습니다. 그리고 유행이 돌고 돌아서 복고풍이 다시 주목받는 것처럼 오래된 철학이 뜨거운 관심을 받기도 합니다.

따라서, 기본적으로 역사의 사고 패턴을 먼저 알아 두는 것이 좋습니다. 대략 패턴을 정리해 볼까요?

'알기 위한 이성(고대)'
'신을 따르는 이성(중세)'
'보다 논리적인 이성(근대)'
'이성을 비판하는 논리(현대)'

좀 더 풀어보면 아래와 같은 느낌입니다.

고대 : 모든 사람에게 적용되는 진리가 있다. 우주의 이치를 알자. 이성의 힘으로 욕망을 억제하고 참아라.

중세 : 신은 절대자이므로 성경에 쓰여 있는 것이 진실이다. 이성은 신을 알기 위한 보조 수단일 뿐이다.

근대 : 신에서 벗어나 스스로 생각하자. 이성의 힘으로 무엇이든지 알 수 있다. 모든 문제는 논리적인 생각으로 해결할 수 있다.

현대 : 기존의 사고방식을 초기화하고 처음부터 다시 하라. 욕망이 이성을 움직인다. 쾌락도 부정하면 안 된다. 많은 사람이 행복해질 수 있는 사회로 변화하자.

이렇듯 2,500년 전부터 현대에 이르기까지의 철학적 관점에서 우리 일상의 사건에 대한 해답을 제시하므로 철학자들 사이에도 이견이 발생합니다.

'어느 것이 맞습니까?'라며 혼란스러워하는 것 역시 철학의 진정한 묘미입니다.

읽기만 해도 어느새 사물을 여러 각도에서 파고들 수 있는 사고 방법이 몸에 익숙해질 것입니다. 그리고 소개하는 내용이 다방면에 걸쳐 있기에, 일상의 사소한 고민쯤은 신경 쓰지 않게 될 수도 있습니다.

어쩌면 철학이야말로 인생에서 가장 의미 있는 '기분 전환'일지도 모릅니다. 이 책에서 철학의 오묘한 세계를 맛보시길 바랍니다.

토마스 아키나리

---

*초역: 뜻을 보다 알기 쉽게 번역한 의역보다도 훨씬 많은 부분(문장구성, 원문 생략 등)의 변형을 통해서 전달하기 쉽게 한 번역을 말한다. 이 경우 원문과 비교해서 다른 문장으로 표현하기도 한다.

Contents

Chapter 4
현대②~구조주의, 포스트모더니즘, 분석철학

아리스토텔레스
만학의 시조

소크라테스

Socrates
윤리적 주지주의

> 끊임없이 질문하라,
> 그럼 답이 보일 것이다

[국가] 고대 그리스　　　　[사상] 문답법, 무지의 지　　　　B.C. 470?~B.C. 399

[저서] 없음(그의 사상은 제자였던 플라톤의 《대화편》을 통해 전해지고 있다)

'그것이 무엇인가?'라고 묻다 보면 막다른 곳에 다다른다

⊙ 문답법은 상식을 뒤집는다

소크라테스는 아고라 주변을 어슬렁거리며 젊은이들에게 '정의란 무엇인가?', '선이란 무엇인가?'라며 대뜸 질문을 던졌다. 이를 문답법이라고 하는데, 상대에게 특정 생각을 강요하려는 의도를 포함하지 않은, 말 그대로 묻고 답하기이다.

'왜 그렇지?', '그것이 무엇이지?'라며 연속해서 묻는다. 끈질긴 질문을 받아 내던 사람은 결국에 **'무지無知의 지知'**를 드러낸다. 궁지에 몰리니 자신이 모른다는 사실을 폭로하고 마는 것이다. 상대를 곤혹스럽게 하려는 소크라테스의 심술이었을까?

소크라테스에 따르면, **모든 인간은 본래 무엇이 옳고, 무엇이 그른지를 알고 있다. 그래서 묻고 답하기를 이어가다 보면 자연스럽게 마음 깊은 곳의 진실이 서서히 밝혀진다.**

한 사람이 다음과 같이 주장했다.

"부정을 행하는 것이 부정을 당하는 것보다 해害가 없다! 고로, 속이는(부정을 행하는) 사람이 속는(부정을 당하는) 사람보다, 괴롭히는(부정을 행하는) 사람이 괴롭힘을 당하는(부정을 당하는) 사람보다 해가 없다!"

이에, 소크라테스는 묻는다.

"부정을 행하는 것이 당하는 것보다 추악하지 않은가?"

부정 그 자체는 추악한 행위가 아니냐고 물으면, 누구라도 '추악하다'고 답할 것이다. 소크라테스는 한 번 더 묻는다.

"추악함은 더 해가 된다. 그렇다면 부정을 행하는 사람은 자기 자신을 해하는 것 아닌가?"

그렇게 반론의 여지는 사라진다. 부정을 저지른 가해자는 자기 마음에 해를 입히므로 피해자가 되는 셈이다. 부정은 추악하기에 가해자 본인에게 해가 된다는 결론이다. 여기서, 처음에 주장했던 '부정을 행하는 것은 당하는 것보다 해가 되지 않는다'는 **'믿음'**이 꺾인다. 이것이 **'문답법'**이다.

⊙ 철학은 끊임없이 질문을 던진다

소크라테스는 인간에게 가장 중요한 것은 **'영혼'**이며, 영혼을 갈고 닦으면 **'아름다운 인간'**, **'선한 인간'**이 될 수 있다고 주장했다. 그러나 현대인과 비슷하게도 그 당시 그리스인 대다수는 돈과 명예, 권력을 가지면 아름다운 인간, 선한 인간이 될 수 있다고 믿었다. '돈, 명예, 권력을 가지는 것이 옳다'는 생각도 단순한 '믿음'일 수 있다.

애석하게도 **인간은 '생각하고' 있을 때, 자신이 '생각하고' 있다는 사실을 깨닫지 못한다.** 지금도 '이 사업은 무조건 대박 납니다!', '이 종목을 사면 주식 부자가 될 수 있어요!', '이 일은 네가 진짜 잘 할 수 있을 거야!'와 같은 말에 '무조건 성공할 수 있다는 믿음'을 가지고 의심 없이 인생을 걸었다가 실패하는 사람들이 있다. 만약 '믿음'의 대상이 정해졌다면, 소크라테스가 추천하는 '문답법'을 실천해 보자.

상대역 없이 혼자 자신의 마음에 연속해서 질문을 던진다. '그것이 올바른가?', '그것이 좋은가?', '왜 그렇게 해야 하는가?'라고 냉철하게 묻다 보면, '믿음=무지'라는 사실을 깨닫게 된다.

연 습 문 제

> 빌린 물건을 돌려주는 게 맞을까?

'옳은 것'이 무엇인지 생각해 보았다. 예를 들어, 빌린 물건을 돌려주는 것이 옳을까? 물론, 빌린 물건은 돌려주는 것이 옳다.
당신이 사냥용 총을 빌렸다고 가정하자. 그런데 총 주인의 정신이 이상해졌다는 소식을 들었다. 그래도 총을 돌려주는 것이 옳을까? 돌려주면 살인이 일어날지도 모르는데 어떻게 해야 옳을까?
소크라테스의 철학으로 보면, 과연 무엇이 옳은 것일까?

 사고방식의 힌트!

우리는 어쩌면 모든 것을 알고 있다는 착각을 하고 있는지도 모른다.

해답
해설
모른다는 사실을 깨달으면 사고가 깊어진다

물론 빌린 물건을 돌려주는 것이 옳지만, 상황에 따라서는 결론이 반전될 수 있다. 예를 들어, 우리는 '타인에게 베푸는 행위가 옳다'고 믿고 있지만, 그 선물이 '핵무기'라면?
이렇게 **상식적인 생각에 기발하고 새로운 관점으로 의문을 제기하는 방식**이 문답법이다. 문답법을 계속하다 보면 '믿음'이 무너지고 무엇이 옳은지 알 수 없게 된다. 그러나 이전보다 더 깊이 사고할 수 있으므로 이롭다. 철학은 마음속을 살피고 조사하는 탐험이라고 할 수 있다.

플라톤

Platon

이데아론

> 진리는 현실 세계 너머에 있다

국가 고대 그리스　　　사상 이데아, 에로스　　　　　　B.C. 428?~B.C. 347?

저서 《소크라테스의 변명》, 《향연》, 《국가》 등

우리는 모두 현실에 없는 이상을 원한다

⊙ 진짜는 다른 세계에 있다?

소크라테스의 제자였던 플라톤은 소크라테스의 계속되는 질문인 '본질은 무엇인가'에 대해 하나의 답을 내놓았고, 이를 **'이데아**idea**'**라고 정의했다.

예를 들어 '빨간색은 무엇인가?', '빨간색의 본질은 무엇인가?'라고 물으면 뭐라고 답을 하면 좋을까? 장미의 빨강, 신호등의 빨강, 사과의 빨강 같은 설명으로는 충분하지 않다. '빨간' 모든 것에 적용되는 '빨간색 그 자체'를 설명해야 한다. 그것이 '빨간색의 이데아'이다. 우리가 보고 느끼는 '빨간색'은 현실에 수없이 많지만, '빨간색 그 자체(=빨간색의 이데아)'는 **'이데아계'**에 존재한다. 그 밖에도 '선의 이데아', '정의의 이데아', '미의 이데아' 등도 모두 별세계에 존재한다.

우리는 생성과 소멸을 반복하는 불완전한 세계에 살고 있지만, 그 토대가 되는 완전한 존재가 이데아이며, 그것은 현실을 초월한 별세계에 있다.

플라톤에 의하면, 이데아 세계에는 누가 보아도 '항구적이며 초월적인 실체(이데아)'가 존재한다. 예를 들어, 도둑질이라는 행위가 선한지 악한지는 이데아에 비추어 보면 알 수 있다(선의 이데아에 비추면 도둑질은 악하다).

현실 세계의 모든 물체는 책상의 이데아, 펜의 이데아, 말의 이데아처럼 대응하는 이데아가 각각 존재한다는 플라톤의 주장을 현대인의 관점에서 보면 다소 이해하기 어렵다. 현실에 존재하는 사물은 종류가 무궁무진하므로 각각이 아닌 하나의 공통된 '그 자체(이데아)'가 존재해야 하지 않을까?

플라톤의 주장을 현대인이 이해하기 쉽도록 바꾸어 말하면, '우리가 보고 듣고 만질 수 있는 사물들로 가득 찬 이 세계 속에는 무언가 다른 형태의 진실이 있다'는 것이다.

⊙ 이미 알고 있는 것을 '상기'하는 것이 배움이다

플라톤은 수, 색, 같음과 다름, 크고 작음, 뜨거움과 차가움 등 모든 것에 이데아가 있으며, 그것들의 '진짜(이데아)'를 직접 보고 들을 수는 없어도 생각할 수는 있다고 주장한다. 즉, **감각으로 포착할 수 없지만, 이성의 힘으로 깨달을 수 있다**는 것이다.

또한, 인간은 태어나기 전부터 이데아에 대해 알고 있다고 생각했다. 다시 말해, 지식이 선천적이라는 주장이다. 우리는 국어 공부를 하거나 수학 계산을 할 때도, 항상 이데아 세계의 법칙을 참조하고 있다. 플라톤은 이를 '**상기**相起'라고 명명하며 신화의 형식을 빌려 설명했다. 인간의 영혼은 원래 천상계에 올라가 이데아를 보았는데, 이 세상에 태어나면서 육신에 갇힌 순간 이데아를 잊게 된다. 그러나 영혼 속에는 아직 천상계로 돌아가려는 마음이 남아 있고, 이를 '**에로스**Eros'라고 한다.

에로스란 이데아(이상·완전한 것)를 간절히 원하는 '사랑'이다. 그래서 우리는 이상을 추구하며 살게 된다. 영혼은 이데아의 그림자를 보고 에로스에 눈뜨며 '이데아를 직접 보고 싶다!', '본래의 고향인 천상계로 돌아가고 싶다!'는 마음으로 동경한다. 인간은 모든 것을 이데아의 빛 아래에서 판단한다.

완전한 삼각형을 그릴 수 없다고?

나는 지금 완전한 삼각형을 그리려고 애쓰고 있다.
그려놓은 삼각형을 돋보기로 확대해서 보니 선이 울퉁불퉁했고, 완전한 삼각형이 아니라는 사실을 깨달았다. 나는 몇 번이나 정교하게 다시 그려 봤지만 완전한 삼각형을 그릴 수 없었다.
플라톤의 철학으로 이 사람에게 조언해 준다면?

 사고방식의 힌트!

이 세상에 완전한 선은 존재하지 않지만, 수학적으로는 논리적인 결정으로 존재할 수 있다.

 머릿속으로는 완전한 존재를 파악하고 있다

점은 위치만 있을 뿐 크기를 가지지 않는다고 정의하고 있지만, 점을 그리면 면적이 생긴다. 그래서 선이 교차하는 지점이 점이라고 합의한 것이다. 머릿속에는 완전한 점, 선, 면이 존재하지만, 실제로는 아무리 정교하게 그려도 오류가 있다. 마찬가지로 아무리 깨끗이 거울을 닦아도 반사율 100%에는 도달할 수 없다.
머리로는 완전한 이상이 그려져도 실제로는 완전한 선을 그릴 수 없으므로 완전한 삼각형은 현실에 존재할 수 없다.

아리스토텔레스

Aristotelēs

형이상학·윤리학·정치학 | 만학의 시조

> 인생은 공부의 집합이다,
> 공부할 때 가장 행복하다

[국가] 고대 그리스　　　[사상] 목적론, 행복　　　B.C. 384~B.C. 322

[저서] 《형이상학》,《니코마코스 윤리학》,《오르가논》,《자연학》,《시학》,《정치학》 등

사람은 태어날 때부터 알기를 원한다

◉ 우리 삶의 목적이 무엇인가?

아리스토텔레스는 스승 플라톤의 〈이데아론〉을 그대로 추종하지 않고 독자적인 철학으로 다양한 학설을 전개했다. 그중 윤리학은 현대인의 삶에도 매우 유용한 지혜를 담고 있다.

아리스토텔레스는 인간의 행위가 '좋음'을 목표로 행해진다《니코마코스 윤리학》고 말한다. 우리는 주로 눈앞의 목적을 달성하기 위해 노력한다. 학교나 회사에 가기 위해 지하철을 타고, 배가 고파서 먹는다. 그러나 이렇게 **즉각적인 목표만 추구하다 보면, 인간은 공허해지기 마련이다.** 왜냐하면 '매일 똑같은 일을 반복하고 있지만, 인생 전체의 목적은 결국 무엇일까?'라는 의문이 들 때가 있기 때문이다(문득 그런 생각이 들 때가 다들 있을 것이다).

그래서 아리스토텔레스는 **'욕구의 궁극적인 목표, 그 자체'**를

용케도 이 머리에서
저만큼이나
나왔네!

즐거웠겠구나!

아리스토텔레스
만학의 시조

추구해야 한다고 말한다. 인생 전체가 '그것'을 위해 나아가는 느낌이 들 정도로 말이다. 과연 '그것'이 무엇일까? 아리스토텔레스는 이를 **'최고선**最高善'이라고 주장했다.

⊙ '~을 위하여'의 궁극적 목적은 '행복'이다

삶의 목적을 찾기 위해 '무엇을 위한 것일까?'라는 질문을 거듭한다. 마침내 최종 결론에 도달한다면, 그것이 당신 삶의 목적이다. 그것은 바로 **'행복'**일 것이다.

'행복'은 인간의 '선善한 삶', '최고선'이다. '이만하면 대만족!'이라는 상태이므로 행복하면 더 이상 '행복은 무엇을 위한 것일까?'라는 의문이 생기지 않는다. '행복하기 때문에 행복하다!'는 상태가 된다.

아리스토텔레스에 따르면 행복에는 세 가지 유형이 있다.

첫 번째는 먹고 마시는 쾌락적 행복이다.

두 번째는 명예를 얻는 것으로 사람들로부터 '굉장하다'는 찬사를 듣는 행복이다.

세 번째는 우주의 진리를 아는 것이다. 과학을 공부해서 빅뱅에서 컴퓨터까지 통달하려는 것과 같다.

아리스토텔레스는 세 번째 공부하는 생활(**관상적 생활**)이 가장 행복하다고 생각했다.

⊙ 유능한 사람이 되는 습관을 키운다

행복은 **로고스**^{Logos}(**이성**)를 수반하는 활동으로 얻을 수 있다. 머리를 쓰는 일은 즐겁다. 이성이 있음은 곧 삶을 선택할 수 있음을 의미한다. 일상의 사건으로 인해 짜증이 난 상태를 가정해 보자. 아리스토텔레스에 따르면, 이는 인간의 자연스러운 본성이다. 화가 날 때는 화낼 수밖에 없다. 선택의 여지가 없지만, '짜증'이 일어나면 잠시 심호흡한다. 그럼 이성적으로 다음 행동을 선택할 수 있다.

우리는 외부 자극에 직접 반응할 필요가 없다(반응하는 것은 동물). **이성에 의해 선택할 수 있다.** 아리스토텔레스는 이러한 '인격의 미덕'이 습관에서 나온다고 말한다.

올바른 행위를 함으로써 올바른 사람이 되고, 용감한 행위를 함으로써 용감한 사람이 된다. 이러한 습관을 의식하고 실천하면, 스스로 자신을 조절할 수 있게 된다.

> 나는 먹고살기 위해 사는 것일까?

나는 한 집안의 가장으로서 경제를 책임지고 있다. 자녀 둘의 교육비와 아파트 대출 이자, 생활비, 관리비, 경조사비 등을 감당하려니 월급도 빠듯하다. 정신없이 살다가 문득, 무엇을 위해 사는 건지 모르겠다는 생각이 들었다. 먹고살기 위해 사는 삶인가? 아, 재미없는 인생이다.
아리스토텔레스의 철학으로 이 사람에게 조언해 준다면?

 사고방식의 힌트!

먹고살기 위해 산다고 생각하면, '인생 전체의 의미는 먹고사는 것이다'라고 결론을 짓게 되는 함정에 빠진다······.

 이 순간에 완결 지을 목적을 찾아라

인생은 '~을 위해'의 연속이지만, 그것이 진정한 목적이라고 생각하면 공허해진다. 예를 들어, 지하철을 타고 가만히 서 있을 때 '회사로 이동하기 위해 지하철에 서 있는 것이므로 버려지는 시간이다'라고 생각하면 피곤할 수밖에 없다.

하지만 **지하철을 타고 가는 시간을 영어 공부 시간으로 정하면 그 순간 목적이 완성된다.** '이동하기 위해서'라는 무의미한 목적이 '지식을 늘리기 위해서'라는 유의미한 목적으로 전환된다. 그러면 행복해질 수 있다는 것이 아리스토텔레스식 해법이다.

에피쿠로스

Epikouros
에피쿠로스학파

> ## 죽음을 두려워하지 말고
> ## 밝게 살자

[국가] 고대 그리스   [사상] 원자론, 쾌락주의   B.C. 341?~B.C. 270?

[저서] 《자연에 관하여》

인간의 행복이란 무엇일까

⊙ 어떻게 하면 행복해질 수 있을까?

알렉산더 대왕Alexander the Great, B.C.356~B.C.323은 그리스, 페르시아, 이집트, 인도에 이르는 대제국을 건설했고, 정복지의 경제, 과학, 교통 등의 발달에 기여했으며 그리스와 오리엔탈 문화를 융합한 헬레니즘 문화를 탄생시켰다. 하지만 당시 붕괴하는 폴리스 사회를 지켜볼 수밖에 없었던 그리스인들은 혼란스러웠다.

그들은 '곤혹스럽다. 앞으로 어떻게 살아야 할까?'라며 고통스러운 삶을 극복할 방법에 대해 절박하게 고민했다. 이때 출현한 것이 **에피쿠로스학파와 스토아학파**(p.28 참조)이다.

에피쿠로스 사상을 **쾌락주의**라고 한다. 이름만 듣고 사치와 향락을 탐닉하는 철학이라고 오해하면 안 된다. 에피쿠로스의 쾌락은 **'육신에 고통이 없고 마음이 평온한 상태(아타락시아**Ataraxia,

원자로 되어 있다!

죽으면 뿔뿔이 흩어진다.

영혼의 평정)'를 말한다. 신체의 통증과 배고픔의 고통이 없고, 답답하거나 초조하지 않으면 일단은 행복하다. 이러한 검소한 '쾌락'을 인생 목표로 두고, 모든 행위의 목적과 도덕의 원리로 삼은 철학자가 에피쿠로스이다.

에피쿠로스는 **인간의 가장 큰 두려움은 '죽음'**이며, 이를 극복해야 고통에서 벗어날 수 있다고 생각했다. 그는 사람들에게 데모크리토스의 **원자론**(모든 물질은 원자로 이루어져 있다)을 인용하여 죽음의 공포가 부질없음을 설명했다.

육신과 영혼은 원자로 되어 있어서 죽고 나면 더 이상 감각이 없다. 게다가 살아 있을 때는 일단 죽지 않았으므로 죽음에 대해 생각할 필요가 없다. **우리가 존재하는 한 죽음과 함께 있지 않으며, 죽음이 오면 우리는 존재하지 않는다.**

⊙ 사치와 향락은 진정한 쾌락이 아니다

'쾌락'이라고 하면 호화로운 생활과 말초적 자극을 추구하는 이미지가 떠오르지만, 그것은 진정한 쾌락이 아니다. 맛있는 음식을 먹고 싶은 욕구는 자연스럽지만, 필수적이지 않은 욕망이다. 소박한 음식을 먹어도 배가 고프지 않으면 괜찮다. 탐식은 **'자연스럽지도, 꼭 필요하지도 않은 욕망'**이다. 전혀 필요 없는 욕망인 셈이다.

에피쿠로스가 추구했던 **'아타락시아'**를 구체적으로 살펴보자. 마음이 평온한 상태로 지적인 철학을 탐구하고, 육체적 쾌락을 최대한 피하는 청빈한 생활을 지향한다. 따라서 가능한 한 사회에서 멀리 떨어진 **'은둔의 삶'**을 이상으로 여긴다.

아침에 토스트 한 쪽과 계란프라이를 먹고, 신체에 특별한 이상이 없으면 행복하다. 불의의 사고를 당하지 않으면 행복하다. 노안이지만 그래도 사물이 보이니 행복하다. 저렴하고 알찬 런치 세트를 시간 맞춰 먹었으니 행복하다. 이런 것들이 아타락시아라고 불리는 철학적 행복, 그 궁극의 경지이다. 하루하루가 감사의 나날이며, 아무 문제가 없다.

만약, 병에 걸려 입원했다면, 자신의 상황을 어떻게 받아들이는 것이 좋을까? 에피쿠로스식으로 결국 모든 것은 원자로 이루어져 있다는 사실에 순응하면, 두려움에 전전긍긍하지 않을 수 있다.

연습문제

> 돈이 있으면 행복한가?

삶의 목적은 쾌락을 추구하는 것이다. 현대인은 즐거운 삶을 추구하기 위해 돈이 필요하다. 돈을 많이 벌어서 쾌락을 위해 쓰는 것이 행복의 지름길이라 생각하는 사람이 많다.
에피쿠로스 사상으로 봤을 때, 부자가 되면 정말 행복해질까?

 사고방식의 힌트!

현대인은 쾌락이 클수록 더 행복해진다고 생각하는 경향이 있다. 하지만 고통 없음이 행복이라고 생각을 전환하면 어떨까?

 ## 고통을 제거하는 것이 최우선

에피쿠로스의 관점에서 보면, 아무리 향락적인 삶을 누려도 마음이 채워지지 않으면 결국 불행해진다. 무엇보다도 자신이 행복하다고 느끼면 행복해진다. 행복은 물질적인 요구에 좌우되지 않는다. **행복해지려면 그 정반대의 불행한 상황을 배제해 버리면 된다.** 불행한 상황은 육체적, 정신적 고통이므로 먼저 건강에 유의하자. 돈이 안 드는 운동을 하고(조깅), 지방과 당질을 줄이고, 술과 담배를 삼간다. 그리고 마음을 편안하게 한다.
에피쿠로스는 "빵과 물만 있으면 행복에 있어서 만큼은 제우스 신도 이길 수 있다."라고 호언했다. 생활 습관병에 걸리지 않도록 식단을 조절하고 에피쿠로스의 철학을 몸에 익히자.

제논

Zēnōn

금욕주의, 스토아학파

> 참을수록 마음이 단련되고
> 최고의 기분이 된다

국가 고대 그리스 사상 아파테이아   B.C. 335?~B.C. 263?

저서 저작은 있었지만 정리된 것이 남아 있지 않다

자연에 순응하며 산다는 것은 무슨 의미일까?

⊙ '고행'을 하면 괴롭지 않을까?

스토아학파의 제논은 고행을 권했다. 쾌락과 고통에 현혹되지
않는 경지에 이르도록 자신을 단련하라는 의미이다. 제논은 인
간의 본성은 **이성(로고스Logos)**에 있으므로 합리적 습관과 행동
을 체득해야 한다고 말한다. '스토익Stoic(열정, 감정에 영향받지 않
거나 드러내지 않는)'이라는 말은 스토아학파에서 유래했다.

제논은 **'자연에 순응하며 살라'**고 말한다. 움막에서 생식하며
자연인으로 살라는 것이 아니라, '이성적으로 살라'는 뜻으로
자연법칙에 따라 논리적으로 살라는 의미이다. 격정이나 열정
같은 일시적 감정과 외부 자극에 휘둘리지 말아야 한다.

**제논은 정념(파토스Pathos)에 흔들리지 않는 초연한 마음, 그 궁극
의 경지(아파테이아Apatheia)에 도달하고자 했다.**

올해도 챔피언이야!

목표는 10kg 감량이다!

잠을 줄이고 공부한다!

인간은 누구나 **자기보존의 본능**을 가지고 있다. '사는 동안 다치거나 아프지 않으면 괜찮다'는 생각은 에피쿠로스학파와 유사하지만, 스토아학파 철학에서는 쾌락이 중요치 않다. 배가 고파서 음식을 먹지만 이는 단지 영양을 섭취하기 위함이므로 맛있는 요리를 먹는 것과 당근을 생으로 씹어 먹는 것은 차이가 없다. 맛이 있는지 없는지는 중요하지 않다는 주의이다.

이러한 생각은 가치관에도 적용된다. 예를 들어, 사려 깊음, 절제, 정의로움, 용감함 등은 선이다. 반면, 부주의함, 무절제, 부정함, 비겁함 등은 악이다.

덕이 높으면 그것으로 충분하다는 깨달음을 얻게 되면, **삶과 죽음, 명예와 불명예, 부와 빈곤, 질병과 건강 등은 인간의 영혼을 단련하는 것과 무관하다고 생각**하게 된다. 선과 악의 관점에서 보면 무차별적이다. 타인의 무시, 가난, 질병 등은 영혼을 단련하는 일과 아무 관련이 없으므로 중요치 않다.

◉ 인간의 마음속에 존재하는 '진정한 법칙'

스토아학파에게 있어, 자연에 순응하며 산다는 것은 이성적으로 사는 것이다. 왜냐하면, **온 세상에 숙명적이고 필연적으로 존재하는 보편적인 이법**理法**(로고스)이** 있기 때문이다.

인간의 판단 이전에 존재했던 우주의 이법을 **'자연법'**이라고 한다. 인간이 이성으로 우주의 이법을 깨달으면 선을 행할 수 있다. 한 가지 예로 '살인은 허용되지 않는다'는 우주의 법칙이 있고, 이는 인간의 마음에 입력되어 있다.

스토아학파에 의하면, 모든 인간은 우주 유일의 이법인 '자연법'에 따라 이성을 소유했다는 점에서 평등하다. 세계라는 **국가(코스모폴리스**Cosmopolis**)**에 속한 동포는 **세계시민(코스모폴리탄** Cosmopolitan**)**으로 불린다. 스토아학파는 폴리스가 무너진 후, 범인류적인 **세계시민주의(코스모폴리타니즘**Cosmopolitanism**)**라는 발상을 추구하였다.

이후 로마제국은 이러한 '자연법'의 개념을 법률(실정법實定法: 경험적, 역사적 사실에 근거하여 성립되며 현실적인 제도로 시행되는 법)에 적용하게 된다. 현대에 확립된 법률 역시 시대를 거슬러 올라가면 '자연법'에 기초한다고 할 수 있다.

연습문제

> 인생에는 짜증 나는 일만 가득해!

나는 회사원이다. 수면 부족 상태로 만원 지하철에 시달리며 출근하고, 직장에서는 상대하기 싫은 사람들을 상사, 동료, 부하로 만나야 한다. 고객들은 기본적인 매너도 지키지 않는다. 일은 재미없고, 월급은 적고, 야근은 고되다. 성과를 내지 못하면 언제든지 구조조정 대상이 될 수도 있다. 으악! 화를 주체하지 못하고 엉겁결에 의자를 걷어차고 말았다! 스토아학파의 사상으로 이 사람에게 조언해 준다면?

 사고방식의 힌트!

스토아학파는 세속사회의 관습에 속박되지 않고 자연스러운 삶을 추구한 키니코스학파(견유학파)의 영향을 받았다.

 모든 것이 금욕적인 수행이라고 생각한다

스토아학파는 '돌부리에 걸려 넘어지지 않으려고, 돌에게 저리 비키라고 할 수는 없다'고 말한다. 자연의 섭리를 거역하는 것은 낭비이다. 인과의 연쇄를 거쳐 태어난 이 세계(자연)는 숙명이다. 따라서 **자연으로부터 받은 이성으로 정념을 억제하는 고행을 하면, 정신이 단련되고 아파테이아의 경지에 도달할 수 있다.** 현상에 저항하는 대신 이성으로 정념을 제어하는 것을 목표로 삼자. 고달픈 출퇴근과 인간관계도 정신 강화의 수행이라고 생각하면, 스스로 높아지는 기분이 든다. 이것이 스토아학파의 사고방식이다.

키케로

Marcus Tullius Cicero

스토아학파

노년기가 인생의 정점이다!
노후 걱정에서 벗어나라

국가 고대 로마　사상 노년, 죽음　　　　　　　　　　　B.C. 106~B.C. 43

저서 《노년에 관하여》,《국가론》,《법률론》,《의무론》 등

나이가 들수록 인생이 즐거워진다

⊙ 노인이 되면 지력이 붙는다!

　로마 시대의 **스토아학파** 철학자인 키케로는 철학을 배우면 평생 근심·걱정 없이 편안하게 살 수 있다고 말했다. 스토아학파는 **자연에 순응하며 살면(이성적으로 살면) 늙음도 받아들일 수 있다**고 여겼다. 대체로 우리는 노인이 된다는 사실을 부정적으로 느끼는 경향이 있다. 하지만 키케로는 노화를 긍정적으로 받아들여야 한다고 생각했다.

　키케로가 주장하길, 노인은 고도의 일을 할 수 있다. 청년이 하는 일을 노인은 할 수 없다는 오해가 널리 퍼져 있지만, 일을 완성도 높게 수행하려면 육체적 활력이나 기동력보다 사고력, 경력, 통찰력이 더 중요하다. 이는 시간이 동반된 능력이므로 젊은이들이 해낼 수 없는 일을 할 수 있다.

키케로는 노년기에 접어들면 육체가 약해진다는 생각도 잘 못되었다고 말한다. **열의를 가지고 활동을 지속하는 한 노인에게도 힘이 있다.** 확실히 노령에도 굳세고 건강하게 자기 분야에서 활약하는 사람들이 있다. 키케로의 주장에 따르면, 노인도 기억력을 유지할 수 있고, 살아오면서 다양하게 축적해 온 배경지식에 새로운 지식을 연결할 수 있으므로 나이가 들어감에 따라 더 똑똑해진다.

키케로는 **지식을 연마하고 정신 훈련을 열심히 하면 육체적 힘의 결핍을 느끼지 않을 것이고, 끊임없이 일하는 사람은 늙는다는 사실조차 눈치채지 못한다**고 말한다.

노년의 좋은 점은 이뿐만이 아니다. 노년에는 욕정이 많이 사라진다. 젊어서는 욕정을 이기지 못하고, 혼란스럽고 복잡한 사고에 시달리며 비윤리적인 행위에 휩쓸리기 쉽다. 하지만, 나이를 먹어감에 따라 욕정에서 자연스럽게 멀어지게 된다고 키케로는 역설했다.

⊙ 사실 젊은이보다 노인이 행복해

노년에는 육체적 탐욕과 야망에서 멀어지고 행복한 삶을 영위할 수 있다. 적당한 식사와 즐거운 담화 그리고 자연에 둘러싸여 말년을 보내는 것보다 더 행복한 것은 없다.

나이가 들수록 죽음이 가까워진다. 키케로에 의하면, **죽음이 다가오는 것은 매우 기쁜 일이다.** 모든 생명에게 주어진 시간이 한정적인 것은 당연하다. 그보다는 **삶이 충만했는지 아닌지가 문제**이다. 그는 '죽음은 원숙'이며, '덕과 선행으로 인생의 열매를 풍요롭게 맺은 사람은 죽음을 전혀 두려워하지 않는다'고 말했다.

죽음은 노인뿐만 아니라 전 연령에 공통적이며, 청년도 같은 상황에 있다. 사람은 언제 죽을지 모르는 법이다. 키케로는 '죽음에 대해 걱정할 수는 있다. 만약 죽음으로 인해 인간의 영혼이 사라진다면 죽음은 완전히 무시될 수 있다. 반면, 죽어도 영혼이 사라지지 않고 다른 세계로 갈 수 있다면 죽음은 간절히 원할 일이다'라고 설명한다. 어느 쪽이든 **죽음을 두려워할 필요 없다**는 것이다. 이처럼 노년을 긍정적으로 바라보는 키케로의 주장은 저출산, 고령화에 직면한 현대 사회에서 배워야 할 중요한 사상이라고 말할 수 있다.

연습문제

정년퇴직 후에 어떻게 살아야 할까?

나는 65세에 정년퇴직했고, 이렇다 할 일 없이 매일 집에서 빈둥거리고 있다. 딱히 취미도 없다. 반려견을 키우면 산책이라도 하게 될까? 약속도 없지만, 집에 있기 뭐해서 외출했다가 돌아오고, TV 보며 술 한잔하다가 잠자리에 드는 무의미한 생활이 계속 이어진다고 생각하니 너무 괴롭다. 아내도 점점 집에 있는 나를 불편해하는 것 같다.
키케로의 철학으로 이 사람에게 조언해 준다면?

 사고방식의 힌트!

노년은 초라하고 외롭다는 생각에서 벗어나, 현재 자신의 장점을 극대화할 방법을 강구한다.

해답 해설 철학을 알면 은퇴 후에도 만족스러운 삶을 누린다

키케로는 '노년의 결실은 앞서 수확해 온 덕과 선행의 추억이자 저축이다'라고 말했다. 노년의 즐거움 중 하나는 지나온 추억이 많다는 것이다. 또한, **철학을 통해 인생 전체에 대해 생각할 수 있다.** 철학 서적을 읽고, 사색에 잠겨 산책을 즐기는 우아한 생활을 할 수도 있다. 생각은 무한하다. 도서관에서 책을 빌려보면 돈이 들지 않는다. 무료로 무한의 기쁨을 누릴 수 있는 것이 철학이다. 은퇴 후에 철학을 배우면 남은 인생은 지금보다 의미 있는 시간이 될 것이다.

붓다(석가)

buddha(Sākya)
불교의 개조

> 쓸데없는 집착을 버리면
> 대부분의 고통은 해결된다

국가 고대 인도   **사상** 인연, 무아   B.C. 563?~B.C. 483?

저서 저작은 있었지만 정리된 것이 남아 있지 않다

인생의 괴로움을 극복하는 궁극적인 방법

⊙ 삶의 모든 것은 괴로움이다

붓다가 깨달은 세 가지 진리가 있다. '제행무상, 제법무아, 열반적정'이다. 여기에 '일체개고'를 더해 사법인四法印의 가르침이 탄생했다.

'일체개고一切皆苦'는 모든 것이 고통이라는 의미이다. 인간은 충족되지 않는 욕망에 집착하며 온갖 고통에 잠식됨을 이른다. **'제행무상諸行無常'**은 우주의 모든 사물이 시시각각 변화한다는 의미이다. 동시에 일체가 자기 동일하지 않고 변화하므로 자기 자체에 대한 인식도 없다. 우리는 변하지 않는 참다운 **'자아'**가 존재한다고 생각하지만, 실체는 존재하지 않는다. 이 진리가 **'제법무아諸法無我'**이다. 이를 깨닫고 **'번뇌'**를 버리면 안락한 경지에 이르게 된다. 이는 **'열반적정涅槃寂靜'**이다.

우리는 끊임없이 변화하고 있는 세상에 살고 있기 때문에 '젊음을 영원히 간직하고 싶다', '한결같은 존경을 받고 싶다', '언제까지나 부를 누리고 싶다', '죽고 싶지 않다'와 같은 소망은 절대 이룰 수 없다. 우주의 법칙을 거스르고, 인생이라는 도로를 역주행하겠다는 욕망이므로 오히려 고통에 빠지게 된다.

◉ '연기'를 이해하면 마음이 편안해진다

'연기緣起'는 불교의 근본적인 교리 중 하나이다. '연결되어 일어난다', 즉 모든 존재는 상호의존적 관계라는 의미이다. 모든 것이 상호작용하고, **'무상**無常(모든 것은 변화한다)'이라면, 그 상호작용의 고리 속에 존재하는 나(자아) 역시 일시적인 존재이고, 변화하지 않는 실체로서의 '나(자아)'는 없다(제법무아).

또한, '나(자아)'는 부품들을 조립한 오합지졸 같은 존재이다. 불교에서는 인간이 '오온五蘊(색色, 수受, 상想, 행行, 식識)'의 요소로 구성되어 있다고 본다.

붓다는 이러한 가르침을 설파하면서 인생의 고통에서 탈출할 수 있는 수행법도 알려주었는데, **'사체四諦'**와 **'중도中道'**를 실천하는 **'팔정도八正道'**이다. 도를 통해 깨달음을 얻으면 번뇌가 사라진 상태, 즉 열반의 경지에 오를 수 있다.

'사체(고체苦諦, 집체集諦, 멸체滅諦, 도체道諦)'는 이정표와 같다. 맨처음 삶은 고통이라는 진리(고체)가 나타나고, 이어서 고통의 원인은 번뇌라는 진리(집체)가 보인다. **변화하는 세계(무상無常의 세계)에서 욕망을 품고 살아가기 때문에 인생이 괴로운 것이다.** 집체란 '삶이 괴로운 이유는 내가 그 원인을 모으고 있기 때문이다'라는 의미이다(집集은 원인을 뜻한다). 따라서 번뇌를 없애면 고통도 없어진다는 진리(멸체)가 모습을 드러낸다. **욕망을 버리면 괴로움도 사라진다**는 진리이다. 어떻게 하면 욕망을 멸하고 고통을 잠재울 수 있을까? 고통을 없애는 방법으로의 진리(도체)가 네 번째로 나타난다. 깨달음과 열반으로 이끄는 올바른 길, 바로 팔정도인 정견正見(바르게 보기), 정사유正思惟(바르게 생각하기), 정어正語(바르게 말하기), 정업正業(바르게 행동하기), 정명正命(바르게 생활하기), 정정진正精進(바르게 정진하기), 정념正念(바르게 깨어있기), 정정正定(바르게 집중하기, 명상)이다.

붓다가 설파한 불교는 수많은 제자에 의해 여러 세대를 거치면서 더욱 발전하였고 지금까지 이어지고 있다.

연 습 문 제

> ### 내가 인생의 주역이라고!

내가 번 돈 내가 쓴다는데 뭐가 잘못됐어? 한 번뿐인 인생 즐겁게 살지
않으면 손해지. 쾌락을 충분히 탐닉하고 후회 없는 인생을 사는 거야!
나는 나니까. 내 일은 내가 다 알아서 해. 남의 도움 따위는 필요 없지.
아~ 왕이 된 듯한 기분이군.
붓다의 가르침에 따르면, 이 사람은 무엇이 문제일까?

 사고방식의 힌트!

당신은 부모님이 낳아 주셨고, 자연이 제공하는 공기와 물을 마시며, 타인
이 만든 의식주를 이용하는 등 외부에서 만들어 준 것들에 둘러싸여 있다.

 나 역시 나의 소유물이 아니다

이 세상의 모든 것은 상호의존하고, 독립적으로 존재하는 것
은 어디에도 없다(연기緣起)면, 소유는 잠정적이며 자기 자신조
차 자신의 것이 아니다(무아無我). 쾌락은 영원하지 않다. 모든
것을 자신의 힘으로 이루었다고 자만하고 세상의 고마움을 잊
으면 지옥에 떨어지게 된다.

상호의존적인 관계를 소중히 여기고 모든 것에 감사하며, **극단
적인 쾌락에 빠지지 않도록 팔정도를 따르는 것이 열반에 이르는 길**
이다.

공자, 맹자

Kǒngzǐ | Mèngzǐ

유가, 덕치주의

사랑과 예의는
인간에게 가장 소중한 덕목이다

| 국가 | 고대 중국 | 사상 | 인, 의, 예, 지 |

| 공자 | B.C. 551~B.C. 479 |
| 맹자 | B.C. 372?~B.C. 289? |

저서 공자: 없음 | 맹자: 《맹자》

인간이 걸어가야 할 길의 원점은 여기이다

⊙ 인간으로서 가야 할 길

공자는 **유가儒家의 시조**이다. 일찍이 부모를 여의고 힘든 소년기를 보냈다. 노나라 하위 관리직부터 점차 높아졌지만, 큰 인정을 받지 못했고, 노나라를 떠나 여러 나라를 돌아다녔다.

유교儒敎의 가르침은 **'인仁'**으로 집약된다. '인'은 원래 혈육 간의 사랑으로, 특히 부모와 형제에 대한 사랑을 강조했다. **'인'은 자연적으로 발생하는 사랑의 출발점**이다. 효도가 '인'이며, 그 근본은 부모를 잘 섬기는 것이다. 중국에서는 '효도는 백행百行의 근본'《효경孝經》이라고 할 정도로 매우 중요한 덕목이다. **공자의 '인'은 육친 간의 사랑에 국한되지 않고 타인에 대한 사랑으로 확장된다.** '인'은 내면적이자 주관적이므로 모든 것은 사랑에서 시작된다는 주장과 맥락이 일치한다.

이에 대해 공자와 제자들이 나눈 대화가 《**논어**》에 기록되어
있다. '부모와 형제에 대해 따뜻한 마음을 가진 사람은 윗사람
을 거역하지 않는다. 윗사람을 거역하지 않는 사람은 집단의
질서를 어지럽히지 않는다.'(유자유약: 공자의 제자 · 학이편《논어》 첫 번째)

유교의 영향을 받은 동양권의 나라들은 전통적인 예의를 매
우 중요하게 여겼다. '**예**禮'는 사회질서를 유지하기 위한 규범
으로, **내면적·주관적인 '인'을 외면적·객관적으로 표현한 것**이다.
사랑이 외부로 흘러나오면 자연스럽게 '예'가 실현된다고 생
각했기 때문이다.

공자는 '인=배려·사랑'이 인간관계의 보편적 원리라고 생각
했다. 또한, '인'은 양심을 거스르지 않는(자기를 다하는) **충**忠과
타인을 배려하는(자기를 미루는) **서**恕로 발전한다.

공자가 설파하길, 형벌로 다스리면 사람들은 법망을 뚫고 부정을 저지르려 하지만, 마음에 덕을 심으면 자연스럽게 선을 행한다(**덕치주의**德治主義).

◉ 인간은 천성적으로 선한 마음을 가지고 있다

공자의 사상을 계승하고 발전시킨 맹자孟子와 순자荀子는 각각 성선설性善說과 성악설性惡說을 주장했다. 맹자는 '인', 순자는 '예'에 주목했다. 맹자는 '인'을 **'인의**仁義**(인애심+정의심)'**으로 발전시켰다. 맹자의 성선설은 **'사단설**四端說**'**로 정리된다.

여기서 단端은 '단서', '실마리', '싹'이라는 의미이다. 선이라는 싹에 물과 양분을 듬뿍 주면 무럭무럭 자라서 '덕'이라는 열매를 맺는 것이다. 인간이라면 누구나 가지고 있는 '사단'은 '측은지심, 수오지심, 사양지심, 시비지심'이다.

측은지심惻隱之心은 타인의 불행을 간과할 수 없는 마음인 배려와 연민의 마음으로 이것이 자라면 '인仁'의 덕이 된다.

수오지심羞惡之心은 악을 미워하는 마음으로 확장하면 '의義'의 덕이 된다.

사양지심辭讓之心은 겸손하게 남에게 양보하는 것으로 예의의 '예禮'가 된다.

시비지심是非之心은 올바른 판단을 하는 것으로 '지智'의 덕으로 성장한다.

공자와 맹자의 가르침이 우리 삶 곳곳에 녹아있음은 현대인들에게도 매우 고마운 일이다.

좋은 인상을 주는 것이 중요할까?

사람은 보이는 모습이 90%라고 할 정도로 외모로 평가받는다. 돈이 들더라도 옷차림에 신경 쓸 필요가 있다. 말투 역시 중요하니, 상대에게 호감을 줄 수 있는 대화법을 연습해야겠다. 어쨌건 좋은 인상을 주는 것이 중요하니까.

공자의 사상으로 이 사람에게 조언해 준다면?

 사고방식의 힌트!

공자는 내면의 인仁(사랑)이 자연스럽게 외부로 나와 예의로 표현된다고 말했다. 방향이 다르지 않을까?

 외면을 꾸미기 전에 내면을 닦는다

《논어》학이편에 이런 말이 나온다.

"선생님께서 말씀하시길, **교묘한 말과 아첨하는 얼굴을 하는 사람 중에 어진 이는 적다**(자왈子曰, 교언영색巧言令色, 선의인鮮矣仁)."

공자는 겉치레가 화려하고 말을 잘하는 사람을 싫어했고 소박한 사람의 마음속에서 덕을 보았다. 내면적·주관적인 인으로부터 배려하는 마음이 자연스럽게 드러나고, 외면적·객관적인 예로부터 매너 있는 행동이 나온다. 먼저 타인을 배려하는 마음을 가지고 자연스럽게 표현하면 된다.

노자, 장자

Lǎozǐ | Zhuāngzǐ
노장사상

> 무위자연을 염두에 두고 행동하면,
> 만사가 저절로 풀린다

		노자	생몰불명
국가 고대 중국	사상 무위자연, 만물제동	장자	B.C. 369?~B.C. 289?

저서 노자: 《노자》 | 장자: 《장자》

아무것도 하지 않으면, 모든 것이 이루어진다

⊙ 노력하지 않을수록 순조롭게 진행된다?

노자와 장자는 인위人爲를 배제하고 있는 그대로의 자연스러운 삶을 추구한 철학자이다. 이 둘의 사상을 통틀어 **노장사상**이라고 한다.

노자는 유가儒家의 인륜을 부자연스러운 행위라며 부정하였다. 인간이 정하는 규칙이 아니라, 우주의 원리인 '**도道**'를 따라야 한다고 생각했다. 세상이 어지러워 인의仁義가 인정받을 뿐, 애초에 혼란이 없으면 불필요한 생각을 하지 않아도 된다는 것이다.

노자는 진정한 '도'는 절대적으로 아무 일도 하지 않는 것이라고 말한다. 여기서 '도'는 구체적인 무엇을 가리키는 것이 아니라 **우주의 원리**(형이상학적 원리)를 말한다.

'도'에 대해 말할 수 없고, 구체적으로 명명할 수도 없기에, 그저 '도'라고 할 수밖에 없다. '도'가 있기에 만물이 존재할 수 있다. 노자에 따르면, '도'는 완전한 존재이므로 만물 또한 완전하다. 그러니 만사가 순조롭다. 더할 것도 뺄 것도 없다. '도'가 있는 그대로인 것처럼 우리도 있는 그대로 살면 된다. 이러한 사상을 **'무위자연**無爲自然**'**이라고 한다.

인정받기 위해 무리해서 학력이나 경력에 집착하고, 과도하게 명예, 인기, 돈, 지위, 권력 등을 추구하다가 오히려 스트레스로 마음의 병을 얻으면 본전도 못 찾게 된다.

'도'에 따라 이루어지지 않는 것은 아무것도 없다.《노자》제37장 너무 열심히 노력하는 것을 멈추고 자연의 순리에 맡기는 것이 가장 좋다.

⊙ 우주 전체로 보면 크지도 작지도 않다

장자는 노자의 사상을 계승한 철학자이다. 세상 사람들은 본래의 것(도)을 지혜로 구별한다고 설파했다. 마치 사람들의 발길이 이어져 길이 만들어지는 것과 같다. 세상 사람들이 그렇게 말하고 있기 때문에 습관적으로 인정하는 것일 뿐이다.

장자에 따르면, 인간의 정의도 자기 사정에 따라 결정되므로 모든 가치 판단은 편향된다. **우주라는 무한한 차원에서 생각하면 크든 작든 모두 인간의 상대적 판단이다.** 도의 관점에서 보면 만물은 지위고하가 없고 차별도 없는 등가이다. 이러한 사상을 '**만물제동**萬物齊同'이라고 한다.

만물제동에서는 무엇에도 속박되지 않고 절대적으로 자유로운 소요의 경지(소요유逍遙遊)에 들어갈 수 있다. 마치 우주라는 바다에서 서핑하는 모습과 같다. 저항하거나 도망치는 대신 오는 파도에 올라타는 느낌을 상상해 보자.

이 경지에 이르면 모든 일이 순조롭게 이루어진다. 장자는 이렇게 절대적으로 자유로운 경지에 이른 사람을 '**진인**眞人'으로 묘사했다.

현대인이 노장사상을 가감 없이 실천하면 사회 부적응자가 될지도 모른다. 흐름에 맡기면 노력하지 않아도 알아서 이루어진다가 아니라, 작은 일에 집착하지 말고 느긋한 마음으로 살라는 의미로 받아들이자. 하루하루 바쁘게 살아가는 현대인에게는 노장사상을 염두에 두고 힘을 조금 빼는 정도가 딱 좋다. 피로할 때는 '무위자연'을 외치고 휴식을 취하는 것이다.

연습문제

> ### 평균대 위를 걷는 마음가짐

오늘 체육 시간에 평형감각 시험이 있었다. 평균대를 실수하지 않고 건너야 한다는 마음으로 최선을 다했지만, 떨림이 멈추지 않아 중간에 떨어지고 말았다. 그런데 체육 시험은 아무래도 상관없던 친구는 가뿐하게 성공했다. 이게 가능해?
노장사상으로 이 사람에게 조언해 준다면?

 사고방식의 힌트!

잘하려고 하면 할수록 더 긴장하기 때문에 오히려 잘 안된다. 인위적으로 과도하게 애쓰고 있는지 생각해 보자.

 ## 인위적이지 않은, 본래 그대로의 상태에 맡긴다

자신이 어떤 일의 주체라고 의식하면 긴장감이 높아져 오히려 실패할 수 있다. 넓고 커서 끝이 없는 '도'의 차원에서 보면 성공이든 실패든 별반 차이가 없다. 이러한 마음으로 도전하면, '무위자연'의 경지에 들어간다. 우주에 자신을 맡기고 본디 그대로의 상태가 되는 것이다. 내가 주도권을 잡는 것이 아니라, **자연스러운 순리에 모든 것을 맡김으로써 오히려 잘 풀릴 수 있다.**

Q_ 철학이란 무엇인가?

A_ '철학은 무엇인가라는 궁금함이 철학이다'라는 이야기를 많이 한다. 요컨대 모든 학문의 토대를 종횡무진으로 움직이는 학문이 철학이다. 자기 자신을 다루기도 하므로 도무지 종잡을 수 없을 때도 있다.

인생을 해킹하거나 속이는 듯한 느낌이 들기 때문에 철학을 하면 고민이 사라지기도 하고, 반대로 고민하지 않아도 될 일을 고민하게 된다. 수학, 물리학, 정치학, 경제학, 역사학, 문학 등 모든 분야에 뿌리내리고 있어서 어려운 학문이기도 하다.

게다가 철학적 사고법이 머릿속에 들어오고 나면 모든 것이 철학적으로 보이기 때문에 '금단의 열매'로 묘사되기도 한다. 너무 깊이 빠지지 말고 적당히 배우는 것이 이로울 수 있다.

Chapter 2

중세~근대

아우구스티누스

Aurelius Augustinus

교부철학

인간은 영원한 존재를 동경한다

| 국가 | 로마 제국 | 사상 | 신, 은총 | 354~430 |

저서 《신국》, 《자유의지론》, 《행복론》, 《삼위일체론》 등

영원히 계속된다면 좋지 않을까?

⊙ 완전하고 영원하며 궁극적인 존재란 무엇인가?

우리는 공간적으로나 시간상으로 유한한 존재이다. 걷고 뛰어서 갈 수 있는 범위에 한계가 있다. 교통수단을 이용해도 마찬가지이다. 시간은 눈 깜빡할 사이에 지나가 늙고, 언젠가는 죽는다. 한마디로 인간은 불완전한 존재이다.

이렇게 유한한 인간이 진리(세상의 참된 진리)를 마음대로 결정할 수는 없다. 진리는 인간의 정신보다 우월하므로 **궁극의 근본이 되는 거점은 인간을 초월한 존재에게 의존할 수밖에 없다.**

기독교 사제였던 아우구스티누스는 그 궁극의 근본이 되는 거점을 '신'이라고 생각했다. 당신이 무신론자라 해도 걱정하지 말자. 그는 유한한 인간에게 있어서 이해 불가능한 것을 통틀어 '신'이라고 말하고 있을 뿐이다.

아우구스티누스는 인간이 신에 대해 말할 수 없다고 생각했다. 신에 의해 만들어진 인간(**피조물**)이 그런 위대한 존재를 이해할 수 없을 테니 말이다.

'세상을 창조하기 전에 신은 무슨 일을 했을까?'라는 의문이 들기도 한다. 아우구스티누스가 답하길, 그 물음은 무의미하다. 시간은 세상이 창조된 후에 생겨났으므로 창조 전의 시간에 대한 물음은 의미가 없다. 요컨대, 인간이라는 작은 존재가 이해하지 못할 것이 무궁무진하다는 겸허한 마음을 가지고 있어야 한다는 뜻이다.

◉ 영원을 믿는가?

세상은 신의 은혜(은총)로 무에서 창조되었다. 우리 인간에게도 신이 준 징표가 새겨져 있다고 한다. 그래서 신의 존재에 대해 신경 쓰게 된다. 인간은 타인을 돕는 선행을 하면 행복감을 느낀다. 이는 신이 인간에게 '자연법'을 심어 주었기 때문이다. '자연법'이란 신의 법칙을 말하며, 선악을 판단하는 기준이 생겼을 때부터 프로그래밍이 되어 있다.

그런데도 인간은 악행을 저지른다. 이는 신의 법칙이 마음속에서 도덕적 규범으로 울려도, 자유의지로 감히 그 명령을 어기기 때문이다. "너무 과하지 않으냐!"라는 신의 법칙이 들려도 **신으로부터 자유의지를 받은 우리는 스스로 타락한다.** 그러면서도 자력으로 헤어 나오지 못하므로 인간은 역시 나약한 존재이다.

하지만 관대한 신은 인간에게 내비게이션 기능을 심어 주었다. 길을 벗어나도 내비게이션(은총)이 다시 올바른 길로 인도하므로 괜찮다. 최후에는 영원한 영혼을 받기로 설정되어 있다. 비록 가상이라 할지라도 **영원한 존재**를 믿음으로써 우리 스스로 영원한 영혼을 얻게 되는 것이다.

아우구스티누스는 말한다. "물체는 자신의 무게에 의해 제자리로 향하려고 한다. 물체는 정해진 장소에 있지 않으면 불안하다. 지정된 장소에 놓으면 안정된다. 나의 무게는 나의 사랑이다. 나는 사랑으로 인해 사랑이 전해지는 곳이면 어디든지 전해진다." 《고백록》제13권 제9장

우리는 무의식중에 '영원한 존재=신'을 원한다. 영원에 대한 믿음은 자신에 대한 동기 부여와 같다.

연습문제

> 영원한 사랑은 없는 걸까?

애인에게 "나는 당신을 영원히 사랑할 거야"라고 말했다. 그랬더니 애인이 "어차피 사람은 죽는데 어떻게 영원히 사랑하니?"라고 대답하는 게 아닌가? 내 말의 의미를 제대로 이해하지 못하다니 답답하다! 아우구스티누스의 철학으로 애인에게 조언해 준다면?

 사고방식의 힌트!

'영원'은 물리적 시간의 무한대를 의미하는 것이 아니라 '영원한 영혼'이 있다는 설정이다.

 ## 신은 완전하고 영원한 존재

세상에는 다양한 설정이 있다. 어떤 수험생이 합격 효험이 있다는 부적을 지니고 있다고 가정하자. 대게는 수험생에게 '그 냥 종이일 뿐이야!'라고 말하지 않는다. 수험생이 부적의 효험을 믿고 싶어서 가지고 있음을 알기 때문이다. 이렇든 우리는 가상의 설정들 속에 살고 있다. 과학적 관점에서 영원함은 불가능하다는 것은 누구나 알고 있다. '변함없는 사랑'을 말하는 애인에게 물리 법칙을 들어 모순을 지적하다니 답답할 뿐이다! '영원한 존재'라는 큰 이미지를 가지면, 영원함이 응축된 지금은 소중한 순간이 된다. 마치 기적의 한 조각과도 같다. 영원한 사랑이 없을지는 모르지만, 믿는 이 순간에는 분명히 존재한다.

토마스 아퀴나스

Thomas Aquinas
스콜라철학

> 신의 존재를 증명한 후에는
> 겸허하게 신을 믿어라

`국가` 이탈리아   `사상` 신의 존재 증명   1225?~1274

`저서` 《신학 대전》

신과 얼마나 가까워질 수 있을까?

⊙ 신의 존재를 증명하는 방법

스콜라철학의 대가였던 토마스 아퀴나스는 신학과 철학의 조화를 추구했다. 신학은 성경에 존재하는 신이 옳다는 전제하에 다양한 연구를 했다. 그러나 '신이 정말 존재하느냐?'라는 의문에 답하기 위해서는 철학의 힘으로 **'신의 존재 증명'**을 해야만 했다. 이에, 토마스 아퀴나스는 논리적으로 신의 존재를 증명한다.

"모든 것은 운동한다. 운동하는 것은 다른 무엇에 의해 움직여야 한다. 움직이는 무엇이 있고 그것을 움직이는 또 다른 무엇이 있다. 이것을 무한히 거슬러 올라가면, 다른 무엇에 의해 움직이지 않는 부동不動의 동자動子, 즉 **제1의 동자**가 존재한다. 그 존재가 바로 신이다."

　도미노 게임을 떠올려보자. 블록 하나가 쓰러지면서 다음 블록을 미는 과정이 연속해서 일어난다. 이 인과관계를 거슬러 올라가면 첫 번째 블록을 쓰러트린 최초 행위자가 존재한다. 이 세계도 처음이 있었을 것이고, 최초로 힘을 행사한 누군가 존재함이 틀림없다. 그 존재를 신이라 칭할 수밖에 없다.

　또 다른 '신의 존재 증명'도 있다. "**자연물은 지식을 가지고 있지 않지만, 목적을 위해 행동한다.** 이는 자연물을 목적으로 인도하는 지성적 존재 때문이다. 그 존재가 신이다."

　식물도 곤충도 목적을 가지고 살아가는 것처럼 보인다. 씨앗은 큰 나무가 되고, 거미는 정밀한 둥지를 짓는다. 우리 인간도 존재하는 목적이 있을 것이다. 그 목적으로 이끄는 존재를 '신'이라 칭할 수밖에 없다. 그러므로 신은 존재한다.

우주의 정묘한 균형, 수학의 정합성, 자연의 아름다움, 생명의 신비, 눈의 결정 속에도 **지성과 목적**이 있는 듯한 느낌을 떠올려 보자. 그럼 토마스 아퀴나스의 '신의 존재 증명' 논리대로 광대한 자연은 엄청난 힘을 가진 존재가 만든 것임이 맞을 수 있다는 생각이 든다.

◉ 인간은 너무 작아서 우주를 인식할 수 없다?

토마스 아퀴나스는 신의 존재 증명을 근거로 신의 본질을 밝힌다. 신은 우주의 출발점이므로 '제1의 동자'라고 불린다. **그 자신은 다른 무엇에 의해 움직이지 않는 부동의 존재이며 불변의 존재이다.** 또한, 신은 다른 무엇으로부터 에너지를 얻지 않고 스스로 존재한다. 최고의 존재이기에 가장 높고, 가장 선한 **'진^眞, 선^善, 미^美'** 그 자체이다.

인간은 궁극의 이상인 신을 모방하고 싶어 하며 '진, 선, 미'를 동경한다. 신에 가까워지는 행위는 선하다. 반대로 인간 존재의 발전을 가로막고 신에게서 멀어지려는 행위는 악하다. 이해하기 쉬운 구분법이라고 할 수 있다.

신은 인간의 그릇에 담기 너무 큰 존재이기에 신을 온전히 인식하는 것은 불가능하다. 그래서 토마스 아퀴나스가 말하길, 인간은 신으로부터 은총의 빛을 받고, 신의 존재를 믿음으로써 행복해질 수 있다.

우주의 신비를 온전히 인식하기에는 인간의 수명이 너무 짧긴 하다.

연 습 문 제

인간이 과학의 힘으로 신이 되는 날이 올까?

나는 과학자로서 미래에는 이론 물리학이 진보하여 우주의 비밀을 온전히 밝혀내고, 생물학이 발전하여 인간을 불멸의 존재로 만들어 주리라 예상한다. 그때는 워프도 가능해지고, 신과 같은 존재로서 온 우주를 지배하게 될 것이다.
토마스 아퀴나스의 철학으로 이 사람에게 조언해 준다면?

 사고방식의 힌트!
존재하는 자가 존재를 초월해 다음 차원을 온전히 인식하는 것이 가능할까?

 ## 인간은 유한한 존재임을 알라

언젠가는 인간이 과학의 힘으로 우주의 모든 메커니즘을 이해하게 될 수도 있다. 게다가 과학의 힘으로 죽음과 질병에서 완전히 해방된 존재가 될 가능성도 있다. 그러나 이 세계에 존재하는 한, 존재를 위한 에너지원 그 자체가 될 수는 없다.

인간의 오만한 생각이 환경파괴, 전쟁, 원전 등 수많은 문제를 일으키고 있다. **과학의 힘으로 해결할 수 있다는 발상도 중요하지만, 한계를 생각하는 겸허한 태도도 필요하다.**

피코 델라 미란돌라

Giovanni Pico della Mirandola

르네상스의 인문학자

> 인간은 자유의지에 의해
> 신도 동물도 될 수 있다

| 국가 이탈리아 | 사상 자유의지의 긍정 | 1463~1494 |

저서 《인간 존엄성에 관한 연설》

여기에 인간이 가야 할 길의 근원이 있다

⊙ 인간은 작은 우주이다

르네상스는 이탈리아에서 시작해 15~16세기에 걸쳐 유럽 전역에 퍼진 대규모 사회·문화 운동으로 중세 **스콜라철학**에 대항했다.

중세 기독교적 사고방식에서는 인간의 삶이 신에 의해 정해진다. 인간은 그저 죄를 회개하고, 죄를 범하지 않기 위해 검소하게 생활해야 했다. 위대한 신의 관점에서 보면 인간의 생각과 결정에는 실수가 잦기 때문이다.

기독교에서는 인간의 **자유 의지**가 악을 향한다고 여겼다. 인간이 죄를 범하는 이유가 자유 의지를 품고 있기 때문이라는 논리이다. 그러나 르네상스 시대에 접어들면서 새로운 흐름이 일어났다.

'인간은 자유 의지가 있기 때문에 무엇이든 될 수 있고, 스스로 운명을 개척할 수 있다'는 적극적인 사고방식이 탄생한 것이다. 플라톤과 아리스토텔레스의 저서가 이탈리아에서 읽히기 시작했고, 다소 신비하고 초자연적인 세계관도 유행했다.

고대 그리스에서는 우주를 **대우주**^{Macrocosm}로, 인간의 신체를 **소우주**^{Microcosm}로 보고 서로 대응한다(조응이론)고 생각했었다. 현자의 정신은 작은 우주이며, 동시에 큰 우주와 대응하고 있다고 본 것이다. 이 우주론은 그리스 사상의 부흥을 표명했던 르네상스 시대에 빛을 발하게 된다.

◉ **인간은 무엇이든 될 수 있다**

피코 델라 미란돌라는 《인간 존엄성에 관한 연설》을 통해 인간은 어떠한 속박도 없이 자유 의지로 원하는 것이 될 수 있다고 말한다. 그는 **자유 의지의 적극적인 힘**을 강조하며, 소우주론을 한 단계 더 발전시켰다.

신이 세상을 창조한 후에 인간을 만들었으나 줄 것이 하나도 남아 있지 않았다. 그래서 신은 인간에게 다른 피조물의 특성을 모두 부여하고 세상의 중심에 두었다. 이렇게 창조된 최초의 인간 아담에게 신은 다음과 같이 말했다.

"아담아, 나는 너에게 정해진 자리도, 고유한 면모도, 특정한 임무도 부여하지 않았노라. 이는 어떠한 자리, 어떠한 면모, 어떠한 임무든 네가 원하는 대로, 네가 생각한 대로 그것을 취하고 소유하도록 하기 위함이다."

즉, 신은 인간에게 무엇이든 줄 수 있었지만, 일부러 주지 않았다는 것이다.

피코 델라 미란돌라는 인간 외의 피조물은 '한정된 본성'을 가지고 있다고 주장했다. 동물을 포함한 자연물은 신에 의해 미리 정해진 규칙으로 제한되었다. 하지만 인간은 어떠한 속박도 없이 '자유 의지'로 자기 본성을 결정할 수 있다고 했다.

그렇기 때문에 우리는 운명이 정해져 있다고 단정하지 말고, 신이 부여한 잠재적인 힘을 해방하고 열심히 살아가는 것이 이상적이다.

별자리 운세를 믿는다

'양자리인 당신, 오늘은 만사 제쳐놓고 산책하러 가세요. 좋은 인연을
만날 수 있답니다. 활동하기 편한 옷이 행운을 줄 거예요. 황소자리인
당신, 너무 신중하면 오히려 나쁜 결과를 초래합니다. 어렵게 생각하지
마세요. 쌍둥이자리인 당신, 너무 눈이 높군요! 현실을 직시합시다!'
오! 정말 다 맞네? 역시 별자리 운세는 신기해!
피코 델라 미란돌라의 철학으로 이 사람에게 조언해 준다면?

 사고방식의 힌트!

별의 운행이 인간의 운명에 영향을 미친다고 생각하고 있다. 자유 의지의
관점에서 보면 어떨까?

 미래를 결정하는 건 나 자신

피코 델라 미란돌라는 별자리 운세를 부정했다. 인간은 원하
는 것을 가질 수 있고, 원하는 바를 이룰 수 있기 때문이다. 그
는 인간에게는 '모든 종류의 종자와 온갖 생명의 싹'이 내재하고,
그로부터 자기 삶을 선택한다고 말한다. 즉, 인간은 신에 필적
하는 지혜를 가지고 있으므로, 천체의 움직임에 좌우될 필요
가 없다. 별자리 운세를 참고할 수는 있지만, 너무 깊게 믿지
않는 것이 좋다.

마키아벨리

Niccolò Machiavelli
정치사상

위정자는 정치와 도덕을
분리해야 한다

[국가] 이탈리아　[사상] 정치와 도덕　　　　　　　　　1469~1527

[저서] 《군주론》, 《로마사론》 등

사자의 용맹함과 여우의 교활함을 지녀야 한다

⊙ 정치와 도덕은 분리되어야 한다

마키아벨리는 르네상스 시대 이탈리아의 저명한 정치사상
가로 **《군주론》**을 집필했다. 당시 이탈리아는 여러 도시국가로
분열되어 세력 다툼을 일삼았다. 반면 다른 유럽 국가들은 절
대군주제(절대왕정)를 유지하며 강력한 통일국가를 형성하고
있었다. 그에 더해 프랑스, 독일, 스페인은 이탈리아를 침략할
기회를 호시탐탐 노리고 있었다. 이탈리아 시민들은 전례 없
는 시민형 군주의 출현을 원했다.

이러한 정치적 상황에서 이탈리아의 존속과 발전을 도모할
필요가 있다고 생각한 마키아벨리는 《군주론》을 통해 말한다.
"새로운 법을 제정하고 새로운 질서를 확립한 군주는 명예
를 얻게 되며, 이 명예에 합당한 군주는 민중을 자기편으로 만

들어야 한다. 또한, **군주는 국내·외의 적으로부터 자신과 국가를 지키기 위해 힘을 동반한 지혜가 필요하다.**"

마키아벨리는 군주가 가혹한 정치적 상황을 앞에 두고 선한 역할을 자처함으로써 자신을 파멸로 이끄는 것은 어리석다고 지적하며 다음과 같이 말했다.

"악덕에 의지하지 않고는 지위를 보존할 수 없다면, 군주는 오명을 두려워하지 말고 자신의 부도덕함을 인정하는 편이 낫다."

정치를 종교나 도덕으로부터 분리하고, 정치의 냉혹한 원리를 있는 그대로 추구해야 한다고 생각한 것이다.

◉ **군주는 두려움의 대상이 되어야 한다**

기존의 공화국과 군주국의 이상은 플라톤의 철인哲人정치에서 영향을 받아 이데아론을 기반으로 해 왔다. 따라서 군주는 선을 실현하는 통치를 해야 했다. 플라톤이 세계를 이데아계와 현상계로 나누었다면, 마키아벨리는 우리가 사는 세계에 유용한 진리를 추구했다.

플라톤의 제자인 아리스토텔레스는 "인간은 본성적으로 정치적 동물이다."라고 말했다. 인간은 더 선하게 살기 위해 자연스럽게 공동체를 조직하는 본성을 가지고 있기 때문이다.

플라톤과 아리스토텔레스가 성선설에 기반한 사고방식을 가졌던 데 반해, 마키아벨리는 **인간을 이기적인 존재로 보았고, 인간 세계의 질서를 유지하기 위해 일종의 국가적 강제가 필요**하다고 생각했다. 아리스토텔레스는 공동체 의식을 가진 국가를 이상으로 삼았지만, 마키아벨리는 막강한 권력을 가진 군주가 통치하는 국가관을 그린 것이다.

사람들은 피해를 막기 위해 법률을 만들고, 법을 위반하는 사람을 처벌한다. 마키아벨리는 정의의 근원이 여기에 있다고 믿었다. 사람들은 강력한 지도자를 원하므로 군주를 선택할 때, 사려 깊고 정의감이 강한 인물을 찾는다. 군주가 이상적인 인간으로 보이는 것도 중요하지만, **때에 따라서는 과격하고 단호한 행동을 취해야 할 필요**가 있다. 군주는 신하들에게 '사랑받는 존재이기보다 두려움의 대상'이 되는 것이 중요하다.

마키아벨리는 정치를 종교와 도덕으로부터 분리했다. 자고로 **군주는 '여우의 교활함'과 '사자의 용맹함'으로 국가를 통치해야 한다**고 생각했기 때문이다.

가장으로서 부족함을 느끼는 이유

나는 평범한 회사원이다. 지금까지 가족을 위해 좋은 가장, 다정한 아버지를 연기해 왔다. 가사와 육아에 최선을 다했으며 회사도 성실히 다녔다. 그런데 시간이 지나고 보니 내세울 만한 업무 능력을 갖추지 못했고, 회사에서 출세도 포기하게 되었다. 입사 동기는 회사 일에 전념하면서 남은 시간에는 외국어와 프로그램 기술까지 습득해 승진을 거듭하고 있다.
마키아벨리의 철학으로 이 사람에게 조언해 준다면?

 사고방식의 힌트!

목적을 달성하기 위해 도덕과 행동을 분리해야 할 때가 있다.

 ## 예스맨은 오히려 신뢰받지 못한다

마키아벨리의 '사자의 용맹함과 여우의 교활함'을 적용하면, 'NO!'라고 말할 수 있는 용기를 지닌 정의로운 군주처럼 될 수 있다. 자신의 욕구를 외면하기보다 본심을 있는 그대로 드러냄으로써 오히려 신뢰를 얻을 수 있는 것이다.

예스맨은 진심을 말하는지 아닌지 알 수 없기에 믿음을 얻기 힘들다. 따라서 **자기 의견을 분명히 말해야 한다.** 그런 의미에서는 '엄격한 가장'이 되어야 하지만, 상황에 맞게 처신하는 것도 염두에 두어야 한다.

데카르트

René Descartes
대륙합리론

> 나는 생각한다,
> 생각하는 존재는 불멸의 실체다

국가 프랑스 　　 사상 물심이원론 　　　　　　　 1596~1650

저서 《방법서설》,《철학 원리》,《성찰》 등

나는 생각한다, 고로 나는 존재한다

⊙ 모든 것을 철저하게 의심하면 알 수 있다

고대 아리스토텔레스 철학과 이를 계승한 중세 스콜라철학은 자연계의 다양한 현상을 영혼과 내적 목적으로 설명했다. 근대에 이르러 **기계론적 자연관**이 전개되었는데, 당구공이 부딪치는 움직임에 비유하여 세계를 설명했다. 최초의 힘이 주어지면 나머지는 인과관계에 의해 저절로 움직인다는 것이다. 그 상황에서는 신의 뜻이나 목적이 개입되지 않는다.

17세기 프랑스 출신 데카르트는 기계론적 세계관을 주장한 대표 철학자이다. **절대적이고 확실한 진리**를 찾기 위해 모든 것을 철저히 의심했으며 이를 '**방법적 회의**'라고 칭했다. 그는 "**의심스러운 것을 모두 의심하고 아무리 의심해도 의심할 수 없는 것이 남는다면 그것이 진리이다.**"라고 말했다.

데카르트는 감각에 의해 얻어진 데이터는 확실성을 가지지 않는다고 믿었다.

"물이 담긴 컵에 막대기를 넣으면 휘어 보이지만, 실제로 막대기는 곧다. 그러므로 감각은 의심스럽다. 또 다른 예로, 나는 방 안에 있고, 벽난로 불을 쬐고 있으며, 겨울옷을 입고 있다. 나는 이 상황을 의심한다. 왜냐하면 우리가 꿈을 꾸고 있을 때, 그곳이 꿈속 세계라는 사실을 깨닫지 못하기 때문이다. 그렇다면 지금 이 현실 세계도 꿈(가상)일 수 있다. 더 나아가, 수학적 진리도 의심된다. 2+3=5라는 명백한 추론도 전능한 신(혹은 악마)과 같은 존재에 의해 그렇다고 인지된 것일지도 모른다."

의심이 지나치다 싶을 수 있지만, 데카르트는 그렇게까지 철저하게 생각했다.

⊙ 신체와 영혼을 분리하고 세계를 기계적으로 생각한다

아무리 의심을 거듭해도 생각하는 '나'가 존재한다는 사실은 의심할 수 없다. 데카르타는 다음과 같이 말한다.

"……내가 이처럼 모든 것을 거짓이라고 생각하는 동안에도 그렇게 생각하는 나는 필연적으로 무엇인가가 아니면 안 된다. **나는 생각한다, 고로 나는 존재한다**라는 진리는 회의론자들의 터무니없는 어떠한 상정에도 흔들릴 수 없을 만큼 확고하며 확실하다……" 《방법서설》

'나는 생각하고 있는가? 생각하고 있지 않은가?'를 의심하면, '아, 역시 생각하는 중이다'가 된다. '생각하지 않는 나'를 생각할 수 없는 것이다. 이렇게 데카르트는 '나는 생각한다. 고로 나는 존재한다'의 명제를 **철학 제1원리**로 삼았다.

데카르트는 다음과 같이 **영혼의 불멸성을 증명**했다.

"영혼(정신)과 신체(물체)는 완전히 다른 속성(본질)을 가지고 있다. 영혼과 신체는 실체가 다르다(**물심이원론**). 영혼의 본질은 **사유**思惟이고, 신체의 본질은 **연장**延長(공간적 특성을 지닌다)이다. 별개의 실체이므로 신체가 소멸하여도 영혼은 신체의 소멸과 더불어 소멸하지 않는다."

또한, 물체의 움직임은 철저히 기계론과 결정론으로 설명되며, 기하학적으로 규정된 3차원의 양으로 과학적 계산이 가능하다고 주장했다.

이처럼 데카르트는 물체로부터 모든 정신적 요소(영적 요소)를 제거함으로써 기계론으로 세계관을 확립하고자 했다.

연습문제

> ### 마음은 뇌에 존재한다

최근 뇌 과학의 발달로 마음은 뇌의 신경세포가 연결되면서 생긴다고 추론한다. 그러니 인간은 죽으면 그걸로 끝이다. 마음은 뇌의 파생물이고, 생각은 뇌의 전기적 반응이다. 가까운 미래에는 AI가 인간의 두뇌를 모방하여 의식을 가질 수 있다고 한다. 어쨌든 모든 것은 물질이므로 가능하다고 생각한다.

데카르트의 철학으로 이 사람에게 조언해 준다면?

 사고방식의 힌트!

뇌는 물질이므로 마음도 물질에서 탄생한다고 보면, 시작 단계부터 물질이 우위에서 지배한다는 의미가 아닐까?

 '물질'과 '마음'은 별개이다

내 마음을 출발점이라고 하면, 제일 먼저 '보이는 것'은 물질이 아니라 자아인 '나'라는 존재이다. '빛이 눈의 수정체를 통과하기 때문에 사물을 볼 수 있는 것이다'라고 설명하더라도, 앞서 말한 '보이는 것'과는 같지 않다. **우리 마음이 경험하고 있는 것과 과학적 설명이 동조하고는 있지만 같은 것은 아니다.** 이것이 이원론이라는 어려운 결론에 도달하는 이유이다. 이원론을 반박하려면 물질 일원론으로 갈 수밖에 없으므로 뇌와 마음은 모두 물질이라고 생각해야 한다. 그렇지만 그 말을 들으면 누구라도 마음속으로는 '그건 아닌데…'라고 느낄 것이다.

스피노자

Baruch De Spinoza
대륙합리론

> ## 과거도 미래도 인생은
> ## 모두 결정되어 있다

| 국가 네덜란드 | 사상 범신론, 결정론 | 1632~1677 |

저서 《에티카》, 《데카르트 철학의 원리》 등

모든 것은 인과관계로 연결되어 있다

⊙ 하나의 원리로 모든 것을 설명할 수 있다

영혼과 신체는 별개라는 데카르트의 생각은 물심이원론이었다. 그러나 이를 둘로 나누는 것은 번거롭기에 네덜란드 철학자 스피노자는 하나로 정리했다.

두 가지를 하나로 결합하려면 보는 각도를 바꾸면 된다. 예를 들어, 남산타워는 옆에서 바라보면 뾰족하지만, 위에서 내려다보면 둥글게 보일 것이다. 마찬가지로 스피노자는 데카르트가 나눈 정신과 물체를 **'신 또는 자연'**이라는 용어로 결합하였다.

이로써 물심이원론은 **'신'**의 일원론으로 통합된다. 스피노자가 말하는 '신'은 우주 전체를 의미하므로 종교적인 신과는 관계가 없다.

'신'은 정신과 물체 두 가지 형태로 등장하므로, '걷자'라고
생각하면 '발이 앞으로 나온다'는 동조도 설명이 된다.

스피노자는 '신'과 '자연'이 제1원칙이자 최고의 원리이며,
다른 어떤 것에도 의존하지 않는다고 생각했다. 스스로 에너
지를 가지고 있으므로 먹거나 마시거나 배설할 필요가 전혀
없는 영구적 에너지가 '신'이다. 이렇게 다른 원인을 필요로 하
지 않는 모든 존재를 **'자기원인**自己原因**'**이라고 한다. 제한이 없으
므로 자유자재이다.

세상의 모든 존재는 '신'이 변형된 존재이다(바다가 여러 형태의
물결로 나타나는 것과 같이). 그러므로 물체인 동시에 정신이라 할
수 있다.

이처럼 스피노자는 신과 자연을 동일시했으며, 신은 만물을

자기 안에 포함하는 동시에 만물에 편재한다고 생각했다. 이를 **범신론**汎神論이라고 한다.

◉ 감정을 논리적으로 인식하고 통제한다

자연계에서 발생하는 모든 사건은 자연, 그 자체로서 신의 필연적 결과이므로 우리 인간이 품고 있는 가지각색의 '감정'도 자연법칙에 따라 '기하학적 질서'로 설명된다. 이를 통해 '감정'에 예속된 상태를 극복할 수 있다. 화가 날 것 같을 때도 이성을 발휘하면 어떻게든 대처할 수 있다.

스피노자의 철학에서 모든 것은 **'신 본성의 필연성'**으로 귀결된다. 도미노처럼 **인과관계**에 의해 결정되고 있다는 것이다. 이 이론에 따르면, 인간에게는 자유의지가 없다. 언제 태어나고, 어느 학교에 입학하고, 어떤 회사에 취직하고, 언제 죽을지 등 이런 일련의 모든 것들이 이미 정해져 있다.

스피노자 철학에서 **'자유'는 발생하는 모든 사건의 필연성을 인식함으로써 얻어진다**. 자신을 더 잘 아는 '기쁨'은 신을 더 잘 아는 '기쁨'과 다름없다(세상 모든 것이 신이기 때문에 자신도 신의 일부이다). 이처럼 모든 것을 필연적인 관계로 파악하는 것을 **'영원의 상**相 **아래에서 본다'**라고 한다.

인간도 자연(신)의 일부이기에 자연을 사랑하면 자신을 포함하여 모든 것을 사랑하게 된다. 그럼으로써 '신에 대한 지성의 사랑'이 생긴다. 여기에 인간의 최고 행복이 있다고 스피노자는 주장했다.

그때 그러지 말았더라면…

나는 얼마 전 주식투자를 시작했다. 모아 둔 2,000만 원을 투자했는데, 순식간에 폭락 장에 접어들었고 200만 원 정도의 평가금액밖에 남지 않았다. 그래서 지금 계속 내 결정을 후회하고 있다. 섣부르게 주식을 시작하지 말았어야 했다. 너무 후회된다.

스피노자의 철학으로 이 사람에게 조언해 준다면?

 사고방식의 힌트!

모든 것은 필연적으로 결정되었음을 모르고, 다시 할 수 있다고 생각하기 때문에 후회가 생기는 것이다.

 몇 번을 다시 해도 같은 인생이라고 결론짓자

스피노자 철학은 결정론 입장을 취하기 때문에 '그때 ○○을 해야 했다'고 생각하는 것은 무의미하다. '신 또는 자연'이 기계적으로 세계를 창조하므로 세계는 당구공처럼 계산적으로 움직인다. 모든 과거는 반드시 그렇게 되기로 정해져 있었으므로 불필요한 **후회를 하는 것 자체가 무의미하다.**

이처럼 '모든 것은 필연적'이라는 우주적 차원의 관점(영원의 상 아래에서 보는 관점)을 가지면, 아무래도 상관없을 고민은 깨끗이 사라진다.

라이프니츠

Gottfried Wilhelm Leibniz
대륙합리론

> 모든 것이 예정되어 있고
> 조화를 이루고 있으니 괜찮지 않은가?

국가 독일　　사상 단자론(모나드론), 예정 조화　　1646~1716

저서 《단자론》,《형이상학 논고》 등

세계의 정교함은 훌륭하다

⊙ 세상은 힘으로 가득 차 있다!

라이프니츠는 수학자이자 철학자였다. 미적분학을 만들고 (뉴턴보다 먼저 발표하였다), 기계식 계산기도 발명하는 등 여러 방면에서 두각을 보인 천재이다. 그는 데카르트의 물체관에 의문을 가졌다. 데카르트는 물체의 본질이 '연장(공간을 차지한다)'이라고 생각했다. 3차원적 양▩이며 단지 공간을 차지할 뿐, 외부에서 힘을 가하지 않으면 움직일 수 없다(마치 당구공처럼).

라이프니츠는 물체가 좀 더 능동적인 힘을 가지고 있다고 생각했다. 기하학적으로 정의된 3차원적 양이 아니라 **'힘'**으로 물체를 파악한 것이다. 물체가 단지 공간을 차지하는 양▩이라면, 얼마든지 분할할 수 있기 때문이다. 절반, 절반의 절반, 또 그 절반의 절반… 끝이 없다.

완벽하게
조화로운
결혼식이야~

예정된
프로그램이
있기 때문이야!

   그래서 라이프니츠는 물체의 궁극적인 단위를 3차원적 양이 아니라 **모나드**^{Monad}**(단자單子)**라고 명명했다. 이 세상의 모든 것은 모나드이다. 즉, 모든 것은 '힘'으로 이루어져 있다.

   그 당시에는 물체가 아닌 것을 '정신'이라고 밖에 표현할 수 없었으므로, 라이프니츠는 모나드가 '정신'이라고 생각했다. 그가 현대인이었다면, 에너지나 파동 등으로 표현했을지도 모르겠다. 요컨대 라이프니츠는 물질 내부에 정체 모를 힘이 자리하고 있음을 예견했던 것이다.

⦿ 세계는 완벽한 예정 조화를 이루고 있다

   라이프니츠에 따르면, 세상은 무수한 모나드로 가득 차 있다. 모나드는 각각 독립된 개체이며 인과적으로 상호작용을 하지 않는 특성이 있다. 이에 대해 단적으로 '**모나드에는 창窓이 없다**' 라고 표현했다. 각각의 모나드가 우주 전체에 대한 정보를 가지고 있기 때문에 가능하다는 것이다. 광물류는 모나드지만, 의식이 없다. 동물은 의식이 있고 기억을 가지고 있는 모나드이다. 인간은 반성적이며 자각적인 모나드로 구성되어 있다. 모나드에도 레벨이 있는 셈이다.

그런데 무수한 모나드가 독립된 실체로서 상호 무관하게 움직인다면, 물체 간의 관계나 몸과 마음의 관계에 대해서는 어떻게 설명할 수 있는가? 그것이 가능한 이유에 대해 라이프니츠가 답하길, 천지 창조자로서의 신이 모나드 각각의 변화와 활동을 서로 대응시키고 동조하도록 입력해 놓았기 때문이다 (현대 과학적 관점에서는 빅뱅을 상상해 보면 이해가 갈 것이다).

세상이 창조될 때, 이미 우주의 모든 정보가 모나드에 입력되어 있다. 이것은 흔히 시계로 비유되는데, 여러 개의 시계가 각각 독립적이어도 가리키는 시간은 같다. 수없이 많은 모나드 각각에 우주에 관한 정보가 미리 프로그래밍 되어 있어서 세계는 동기화하게 된다. 이것을 '**예정 조화豫定調和**'라고 한다.

무수히 많은 모나드가 실체로서 각각의 움직임을 만든다니 마치 웅장한 SF 같은 이야기이다. 라이프니츠는 이렇게 말한다. "**세계는 가장 완벽하고 가장 조화로우며 가장 아름답다. 이 세계에 있어서 불필요한 것은 하나도 없이 완벽하다.** 간혹 발생하는 문제는 일종의 불협화음과 같은 것이며 전체적으로는 잘 돌아가고 있다."

세상은 점점 나빠지고 있다

내가 생각하는 미래는 희망이 없다. 경제는 발전했어도 빈부격차가 더 커졌다. 세계 곳곳에서는 테러, 전쟁, 재해가 끊임없이 발생하고, 부패 정치인 관련 뉴스가 연일 보도된다. 저출산, 고령화 현상으로 인한 문제도 해마다 심각해지고 있다. 앞으로 좋은 일은 없을 것 같다. 살아있는 의미를 잘 모르겠다.
라이프니츠의 철학으로 이 사람에게 조언해 준다면?

 사고방식의 힌트!
온갖 사물에도 우리의 상상을 초월하는 힘이 내재하고 있다고 생각하면, 지금 사는 세계에 경외감을 느낄 수도 있다.

 나쁜 사건은 불협화음 같은 것이다

내 시계와 타인의 시계를 비교하면 시간은 정확히 같다. 이는 시계가 매우 정교하게 움직이고 있다는 증거이다. 마찬가지로 자동차가 달리고, 컴퓨터가 작동하고, 동식물이 성장하는 것 모두 우주의 힘이다. 이는 세계 전체가 완벽한 시스템으로 실행되고 있다는 증거이다. **모든 사건이 완벽하게 작동하는 것은 '예정 조화' 때문이다.** 세상에 불필요한 것은 없으며, 모든 것이 세계의 완전성에 기여하고 있다. 라이프니츠는 '전체적으로 보면 악은 선보다 훨씬 적다'고 말했다. 좋은 면을 찾아보자.

베이컨

Francis Bacon
영국 경험론

과학적인 방법은
실험 데이터를 종합하는 것이다

| 국가 | 영국 | | 사상 | 귀납법 | | 1561~1626 |

저서 《노붐 오르가눔》, 《수상록》, 《새로운 아틀란티스》 등

과학적으로 생각하면 이렇게 된 것이다

⊙ 에어컨이 있는 건 베이컨 덕분?

영국의 르네상스 시대를 대표하는 사상가 베이컨의 **과학적 사고방식**은 이후 유럽의 자연과학 사상에 커다란 영향을 주었다. 그는 과학사상은 물론이고 문학, 정치, 법률, 역사 등 다양한 분야에서 활약했다. 특히, 정치 분야에서는 제임스 1세의 통치하에 국새상서와 대법관의 지위에 오르기도 했다.

베이컨은 중세적 전통 사상에서 벗어나, 인간의 이성에 대한 믿음을 바탕으로 인간과 자연을 탐구하고자 했던 르네상스 시대 경향에 대해 심사숙고했다. 그 결과 낡은 생각을 뿌리 뽑고 새로운 학문체계를 구축했다.

베이컨이 남긴 유명한 명언, **'아는 것이 힘이다'**는 '자연법칙을 파악하면 자연을 지배할 수 있다'는 생각을 피력한 것이다.

예를 들어, 우리는 생활가전, 자동차, 스마트폰 등 기술 기반 제품을 사용하고 있지만, 발명하지도 않았을뿐더러 사실 그 원리도 모른다. 그럼 기술을 보유한 사람은 어떠할까? 제품을 연구하고 설계, 개발하는 사람들은 그 분야의 전문 지식이 풍부할 것이다. 그러나 이들도 백지상태에서 기술을 발명하지는 않았다. 결국 선대 지식인들이 물려준 기술을 현대 전문가들이 발전시켰고, 우리는 그 혜택을 누리고 있다. 한여름 무더위가 기승을 부려도 에어컨만 틀면 쾌적하게 살 수 있는 것은 기적에 가깝다고 할 수 있다.

이렇게 **자연법칙을 깨달음으로써 자연을 지배한다**(더운 날에 차게 한다)는 발상을 최초로 고안해 낸 사람들이 베이컨을 비롯한 과학 사상가들이다.

⊙ 귀납법이라는 새로운 사고방식

다양한 실험을 통해 자연법칙을 발견하는 것을 귀납법이라고 한다. 그럼, 어떻게 과학적 아이디어를 얻을 수 있을까?

베이컨은 우선 4개의 이돌라Idola(우상, 편견)를 제거하라고 강조한다.

① **종족의 이돌라**Idola Tribus: 인류 공통의 편견이다. 예를 들어, '신이 진노하면 천둥 번개가 친다'와 같은 오해를 말한다. 만물을 인간 중심으로 해석하기 때문에 생기는 편견이다.

② **동굴의 이돌라**Idola Specus: 개인 저마다의 편견이다. 고유의 성격과 경험해 온 교육 등의 영향에서 비롯된 사적 신념을 말한다. 동굴에서 살아 온 사람이 세상 밖으로 나왔음에도 동굴 속에서처럼 본다는 의미이다.

③ **시장의 이돌라**Idola Fori: 부적절한 언어를 사용함으로써 사물의 이해를 방해하게 만드는 편견이다. 언어 표현의 오류로 인한 오해와 사고 편향이다.

④ **극장의 이돌라**Idola Theatri: 권위 있는 사람의 주장이나 학설은 무조건 옳다는 편견이다. 관객이 배우의 연기를 보고 실제라고 믿어 버리는 것과 같다. 전문가, 지식인, 정치인의 말은 모두 옳다고 생각하지 말고, '혹시 극장의 이돌라에 빠진 것은 아닐까?'라며 의심해보자.

베이컨은 이돌라를 제거하고 과학적으로 사고하면, 새로운 기술로 혁명을 일으킬 수 있다는 사실을 깨닫고 있었다. 그리고 우리는 그 혜택을 받아 지금의 편리한 일상을 누리고 있다.

연습문제

> 나는 스마트 기기를 능숙하게 사용한다

나는 스마트 기기와 클라우드와 연계해 업무 효율화를 추구하고 있다. 자동차와 내비게이션이 있으면 고속도로로 전국 어디든 다닐 수 있다. 배와 비행기로 전 세계에서 배달된 음식 재료로 요리한다. 문득 이런 생각이 들었다. '학교에서 배운 수학이나 물리는 일상에 별 도움이 안 돼.' 베이컨의 철학으로 이 사람에게 조언해 준다면?

 사고방식의 힌트!

자연의 과학적 법칙을 이용하여 인공물이 만들어지고 있음에도, 대다수는 일상에서 이공계적 발상을 잊어버리고 있다.

 그것은 당신이 만들지 않았다

현대인들은 너무 오만해져 있다. 주변에서 흔히 볼 수 있는 물건 대부분은 이공계의 노력으로 만들어진 인공물이다. 많은 이들이 수학, 물리, 화학은 살아가는 데 별 도움이 안 된다고 말한다. 그런데도 수학과 물리 지식에 기반해 개발된 스마트폰과 컴퓨터, 화학 지식으로 만든 약, 세제, 섬유 등을 당연하게 사용한다. 역사를 거슬러 올라가면 먼저 과학사상가들이 과학적 방법을 전파하고, 이어서 과학자들이 새로운 기술을 개발했다는 사실을 반드시 인지해야 한다. 과학사상을 기초로 교육을 활성하고, 차세대 과학자를 육성해야 장래가 밝아진다.

로크

John Locke

영국 경험론

> 태어났을 때는
> 마음이 새하얀 백지였다

국가 영국　　사상 경험, 관념, 인식　　　　　　　1632~1704

저서 《통치론》, 《인간 오성론》 등

인식한다는 것이 무엇을 의미하는지 생각해 보았다

⦿ 인식론 철학의 시작

1673년 겨울, 로크와 친구들이 모여 '신이란 무엇인가', '신앙이란 무엇인가', '모두가 인정하는 도덕이란 무엇인가' 등의 난해한 주제를 놓고 열띤 토론을 벌이고 있었다. 이때 로크는 철학적인 주제로 생각을 나눠봤자, **참가자의 인식 능력이 어느 정도인지 모르면 토론은 무의미하다**고 생각했다. 신이나 도덕을 이야기하기에 앞서 인간의 능력을 살펴봐야 한다는 것이다. '인간의 인식은 어떤 구조인가?' 이것이 **인식론**의 시작이다.

앞서 데카르트가 주장하길, 인간은 모두가 동의하는 보편적 지식(원리)을 가지고 태어난다(**생득관념**生得觀念 Innate Ideas). 로크는 이에 반대하며 다음과 같이 말한다.

"인간이 도덕적 원리를 가지고 태어나는 것은 아니다(선천적

으로 아는 것이 아니다). 신의 세계에서는 '정의'를 결정하지 않는
다. 정의의 도덕성 역시, 시대와 사회에 따라 모두 다르게 해석
되며, 시대와 국가를 초월해 보편적으로 통용되는 정의란 있
을 수 없다."

　신과 도덕을 부정한 것이 아니라, 인간의 지성으로 알 수 있
다는 의미이다. 로크에 따르면, 인간의 지식은 **관념**으로 이루
어져 있다. 관념이란 어떤 대상을 생각할 때 머릿속에 있는 것
(의식의 내용)이다. 책상에 대한 관념, 의자에 대한 관념 등 사물
의 관념은 보고 만지는 경험으로부터 생겨난다.

　정리하면, 인간의 마음은 처음엔 그 무엇도 쓰여 있지 않은
백지(타불라 라사^{Tabula Rasa} **아무것도 쓰여있지 않은 깨끗한 석판)**상태였
고, 여기에 관념을 부여하는 것은 경험이다.

⊙ 인간은 선택할 자유가 있다.

로크에 따르면, 모양, 고체성, 연장성, 운동, 정지 등과 같은 관념은 물체가 어떤 상태에 있더라도 물체로부터 분리될 수 없다. 축구공에도 모양, 연장성, 운동, 정지 등의 관념이 포함되어 있다. 물체의 성질을 그대로 나타내는 관념이 **'제1성질'**이다. 색깔, 소리, 냄새, 온도, 단단함과 부드러움 등의 관념은 인간이 느끼는 것이므로, 물체가 본래 상태로 가지고 있는 성질이 아니다. 이러한 관념을 **'제2성질'**이라고 한다.

로크는 '제1성질'은 실제로 물체 안에 존재하지만 '제2성질'은 인간이 느끼는 감각이므로, 물체의 본질은 아니라고 생각했다. 그는 불을 예로 들어 이를 설명한다.

"벽난로의 불은 따뜻하지만, 너무 가까이 가면 화상을 입는다. 인간의 감각이 문제일 뿐, 불 자체는 변함이 없다."

다양한 관념은 물체에 대한 욕구로 이어진다. 예를 들어, 갈비찜에 대한 관념은 먹고 싶은 욕구로 이어진다. 물체에 대한 관념이 마음에 영향을 주는 것이다. 그리고 매일 갈비찜을 먹고 싶다는 욕망으로 이어진다. 그러나 다행히도 **인간은 자신의 마음 그 자체를 반성**(내성內省: 자신을 돌이켜 살펴봄)**함으로써 욕망을 통제할 수 있다.**

욕망을 통제할 수 있으면, 자발성이 드러나게 되고, 여기서 **자유의 관념**이 생긴다. 동물은 본능대로 움직이지만, 인간은 다음 행동을 선택할 수 있다. 이것이 로크가 말하는 '자유의 관념'이다. 그러므로 인간은 자유롭게 미래를 만들어 갈 수 있다.

연습문제

> ### 내가 이렇게 사는 것은 환경 때문이다!

나는 열악한 환경에서 태어났다. 부모님, 형제, 선생님, 상사, 동기 모두 나를 무시하고 괴롭혔다. 사는 게 고역이고 화가 난다. 나에게 주어진 것들은 죄다 하찮고 보잘것없다. 나에게 좋은 영향을 주는 사람이 있었으면, 내가 풍족한 환경에서 태어났다면 내 인생도 달라졌을 텐데, 환경과 타인에게 발목 잡혀 사는 나는 정말 자유롭지 못하다.
로크의 철학으로 이 사람에게 조언해 준다면?

 사고방식의 힌트!

외부에 존재하는 것이 전부가 아니다. 절반은 자기 마음에서 만들어지기 때문에 내면으로의 접근도 필요하다.

 ## 긍정적인 자유 철학

일부 학생들은 학교 선생님이 제대로 가르치지 못해서 성적이 오르지 않는다고 불평한다. 하지만 학습 내용과 교수 방식을 경험으로 받아들이는 것은 자신의 마음이다.

외부 세계에서 정보가 들어올 때, 우리는 마음속 관념을 선택할 수 있다. 외부의 움직임에 기계적으로 반응하는 대신, **잠시 시간을 두고 스스로 선택하고 결정할 수 있어야 한다.** 이는 인간이 보유한 '자유의 관념'이므로 충분히 활용해야 한다.

버클리

George Berkeley

영국 경험론

> 물질은 정보의 집합이며
> 세계는 가상의 공간이다

국가 아일랜드　　사상 지각, 관념론　　　　　　　　　1685~1753

저서 《인간 지식의 원리론》

물질이 정말 마음속에 있을까?

⊙ 우리를 둘러싼 세계는 정말로 존재하는가?

성공회 주교이자 철학자인 버클리는 외부 세계에 물질이 존재한다는 확증이 없다고 주장했다. 물체는 색깔과 면적 등을 가지고 있지만, 우리가 지각할 때 비로소 '존재한다'는 감각을 주기 때문이다. 색깔과 모양 등의 시각 정보, 단단함과 부드러움 등의 촉각 정보, 냄새라는 후각 정보가 우리 마음에 주어지면 가상 세계가 출현한다.

버클리의 주장에 따르면, **모든 감각적 실체는 그것을 지각하는 마음속에만 존재할 수 있다.** 감각을 초월한 외부에서 물체의 존재를 찾을 필요가 전혀 없다는 것이다.

"내가 쓰고 있는 책상이 존재한다고 말하지만, 그것은 내가 책상을 보고 만지는 것이다. 내가 서재 밖으로 나가도 책상은

이 세상은 가상이야.

그러니까 게임도 똑같이 중요해.

존재한다고 나는 말할 것이다. 이는 만약 내가 서재에 있었다면 나는 책상을 지각했으리라는 의미이다. 다시 말해, 다른 어떤 정신이 현실의 책상을 지각하고 있다는 것이다. 냄새를 느낀 것은 그것을 맡을 수 있었던 것이고, 소리가 났다는 것은 그것을 들었다는 것이다. 결국, 사물이 존재한다는 것은 '지각된다'는 것이며, 사물을 지각하는 '사고하는 것' 외에 어떤 존재를 가지는 것은 불가능하다."《인간 지식의 원리론》

'지각된다'를 떠나 '존재하는 것'은 어떠한 것도 없으므로, 우리 눈앞에 실재한다고 생각하는 세계는 사실 가상의 공간이라는 주장이다.

'존재한다는 것은 지각된 것'이라는 버클리의 철학으로 보면, 이 세상은 마치 영화 〈매트릭스〉와 같다.

그렇다면 우리를 구성하는 세상의 데이터는 어디에서 전송되는 것일까?

버클리에 따르면, 적어도 이 가상 공간을 만드는 존재는 인간이 아니다. 인간이 가상 현실을 창조할 수 있다면, 어떤 세계든 원하는 대로 만들 수 있다. 마음만 먹으면 하늘을 나는 것도 가능하다. 하지만 알다시피, 인간의 실행은 물리 법칙 내에서만 가능하다. 따라서 이 세계의 밑바탕에 거대한 서버 같은 시스템이 존재한다는 결론에 이르게 된다.

우리 세계에 신호를 보내는 존재는 누구일까?

그 존재는 인간의 무한한 정신을 포함하여 만물을 창조하는 거대한 시스템이 틀림없다. 이 시스템은 마치 **텔레비전 방송국 같은 형태로 끊임없이 전 세계 인간에게 가상 현실을 만들어 주고 있는 존재이다.**

버클리는 성공회 주교로서, 전통적인 사고에 따라 그 존재를 '신'이라고 지칭했다. 신은 언제나 인간의 정신에 감각적 관념의 데이터를 보낸다. 신이라는 거대한 서버가 전송하는 감각적 관념의 매개를 통해, 우리가 서로 정보를 교환할 수 있다는 것이다.

사실, 버클리의 생각을 있는 그대로 받아들이기는 어렵다. 그러나 세계가 있는 그대로 존재하는 것이 아니라, 일종의 정보공간의 집합이라고 생각해 보면, 어떤 면에서 이 세상은 가상 공간이라고 해석할 수도 있을 것 같다.

연습문제

눈앞에 보이는 물건의 존재는 당연할까?

과학적 사고방식에 따르면, 외부에 존재하는 물질로부터 전달된 정보를 뇌가 인식한다. 우리가 지각하는 외부 세계는 우리가 지각한 바대로 정확하고 변함없이 있는 그대로 존재한다. 컵은 우리가 보든, 보지 않든 고유한 모양과 색을 가지고 있다. 이것이 당연한 사고방식이다.
버클리의 철학으로 이 사람에게 조언해 준다면?

 사고방식의 힌트!

외부에 있는 물체를 완전히 있는 그대로 파악할 수 있는 인간이 있을까?

 이 세계는 가상 공간일지도 모른다

미국의 현대 철학자 힐러리 퍼트넘^{Hilary Whitehall Putnam(1926~2016)}은 '통 속의 뇌'라는 사고 실험을 했다. 한 과학자가 누군가의 뇌를 적출한 후 배양액을 채운 통에 넣는다. 뇌 신경세포와 컴퓨터를 연결하고 뇌에 실제 세계와 똑같은 데이터를 전송한다. 그럼 뇌 자체는 통 속에 있다는 사실을 자각하지 못한다.

만약, 우리도 통 속의 뇌처럼 거대한 시스템 안에 있다면 실재하는 세계를 알 수 없을 것이다. 연습문제에서 제시한 생각은 '소박실재론^{Naive Realism}'*이라는 고전적인 사상이다. **인간은 외부 세계를 완전히 포착할 수 없다.**

*외적 사물은 독립적으로 실재하고 있고, 주관적 의식이나 표상은 이를 모사하는 것이라는 견해

흄

David Hume

영국 경험론 | 회의론

인과관계는 믿음일 뿐이다,
한 치 앞도 알 수 없다

국가 영국　　　사상 인과율의 부정　　　　　　　　1711~1776

저서 《인성론》, 《인간 오성론》 등

'공을 던지면 날아간다'고 어떻게 인식하는 걸까?

⊙ 자아가 없으면, 인과관계도 없다

경험론에서는 인간의 지각과 관념에 관해 깊이 생각하고 연구한다. 그러면 우리가 당연하게 존재한다고 생각해 온 외부 세계에 대해 의심이 생기게 된다.

흄은 인간의 마음에 나타나는 모든 지각을 **'인상'**과 **'관념'**으로 나눌 수 있다고 말했다. '인상'은 현실성이 강하지만 '관념'은 불분명하다. '인상'은 바나나를 먹는 실제 느낌이고, '관념'은 바나나를 먹었다고 떠오르는 것이다. 관념은 경험한 인상에서 비롯된다.

'공을 던지면 날아간다'의 인과관계(원인과 결과)는 '공을 던진다'와 '날아간다'가 관념으로 연결된 것이다. 두 사건이 항상 결합되어 발생하는 것을 여러 번 경험하면 '관념'이 완성되고,

두 사건의 '관념'에는 필연적인 관계가 있다고 생각하게 된다 **(관념결합)**. 즉, 인과법칙**(인과율**因果律 Causality**)**도 경험적으로 그렇게 믿고 있을 뿐, 그 법칙이 정해져 있지 않다는 것이다. 흄은 '원 인'과 '결과'의 관념은 경험으로 이어져 있을 뿐이라고 말한다.

일상적으로 일어나는 현상들은 뉴턴 역학으로 정확히 설명 하고 예측할 수 있다. 그래서 공을 던지면 날아간다고 생각하 는 것이다. 하지만 흄은 우리가 공을 던지면 날아간다는 경험 을 여러 번 했고, '공'과 '날아간다'의 관념을 결합해 공을 던지 면 날아간다는 인과율을 믿게 되었을 뿐이라고 말한다.

매우 비과학적인 사고방식이라 할 수 있다. 인과율이 단순한 신념이라면 뉴턴 역학도 경험적으로 옳을 뿐이라는 것이다(즉, 공을 다시 던지면 날아갈 것이라는 확증이 없다).

⊙ 외부 세계도 인과관계도 믿을 수 없다

흄은 수학 원리에 근거한 과학만이 '직접적 또는 논증적으로 확실하다'고 주장한다. 그 외의 '사실'에 관한 지식은 의심스럽다는 것이다. 대다수 학문은 경험에 의존하고 있으므로 개연적(일반적으로 그 일이 생길 가능성이 있다)이다. 즉, 항상 가설인 셈이다.

이처럼 흄은 외부 세계의 존재와 인과관계 등 경험에 따른 지식을 부정했다. 심지어는 마음에 대해서도 의심했다. **마음은 그 실체가 어디에도 없고, 지각만 있기 때문이다.** 자아는 예상할 수 없는 속도로 잇따라 일어나며, 끊임없이 변동하는 다양한 **'지각의 다발, 또는 집합'**에 불과하다고 판단했다.

'인과법칙', '외부 세계', '마음(자아)=실체'를 모두 소거해 버리면, 데카르트 철학을 따르는 사람들이 주창한 대륙합리론의 철학이 부정된다. 왜냐하면, 합리적인 추론만으로 구축되어 있기 때문에, 모두 허구인 셈이 된다.

물론, 흄이 외부 세계의 존재를 전부 의심하는 것은 아니다. 그는 다음과 같이 말한다.

"모든 의심은 내가 책상에서 일어나, 서재를 나서는 순간 사라진다."

이는 '경험론의 사고방식을 진행해 나가면 이렇게 된다'는 철학 세계의 '사고 실험'과 같다. 이렇듯 흄은 모두가 당연하게 믿고 있던 인과율을 철저하게 파고든 최초의 철학자였다.

근거 없는 인과관계를 믿고 있다?

나는 징크스를 믿는다. 오늘의 운세를 보니 고민했던 문제들이 말끔하게 해결되고 주변 사람에게 인정받는 날이라고 한다. 행운의 아이템은 가죽 소품과 노란색! 가죽 구두와 노란색 가방으로 코디하고, 점심은 카레를 먹어야지. 그런데 이게 뭐야! 지하철 연착으로 지각하고, 업무 실수가 연달아 나네? 애인한테도 차이고, 구두 굽마저 부러져 버렸다. 오늘 좋은 일만 생긴다면서 이게 뭐야. 완전히 망했다!
흄의 철학으로 이 사람에게 조언해 준다면?

 사고방식의 힌트!

우리는 무의식적으로 사건과 사건의 이미지를 연상하고 이어 붙여서 인위적으로 인과관계를 만든다.

 인과관계란 단순한 신념에 지나지 않는다

노란색 장지갑을 사면 돈을 번다. 이것은 '노란색 장지갑'이라는 관념과 '돈을 벌게 된다'라는 관념이 연상에 의해 결합한 것에 불과하다. 흄에 따르면, 물리 법칙도 일단 모순이 없기 때문에 그렇게 믿어지고 있을 뿐이다. 우리가 일상에서 당연한 듯이 믿고 있는 인과관계는 완전히 망상일 수 있다.
'이 앱으로 공부하면 한 달 만에 원어민과 대화할 수 있다!', '이렇게 하면 월 1억 수입이 보장된다'와 같은 과장 광고는 그 인과관계를 의심해 봐야 한다.

파스칼

Blaise Pascal
도덕주의

> 인간은 생각하는 갈대이므로
> 우주보다 위대하다

| 국가 프랑스 | 사상 생각하는 갈대, 중간자 | 1623~1662 |

저서 《팡세》 등

중간자로서의 인간은 흔들린다

⊙ 나는 데카르트를 용서하지 않는다

파스칼은 남프랑스 클레르몽 지방 세무 행정관의 장남으로 태어나, 일찍이 학문에 천부적 재능을 발휘했다. 16세에《원추곡선론Essai pour les Coniques》을 집필했고, 18세에는 계산기를 고안했으며, 압력에 관한 '파스칼의 원리'를 체계화하여 과학적으로 명성을 얻었다. 이공계적 성향이 강한 그였지만, 독실한 기독교 신자로서의 사상을 엮은《팡세Pensée》를 집필했다.

파스칼은《팡세》를 통해 **'기하학적 정신'**과 **'섬세의 정신'**이라는 두 가지 정신에 관해 이야기했다. 기하학적 정신은 세계가 기계장치라는 데카르트의 사고방식이다. 섬세의 정신은 종교적 심정을 지닌 정신을 의미한다. 그는 데카르트의 기계론적 세계관을 부정하며, 다음과 같이 말한다.

"나는 데카르트를 용서할 수 없다. 그는 자신의 모든 철학에서 가능한 한 신을 배제하려고 했다. 그러나 세상을 움직이기 위해, 신으로 하여금 손가락 하나를 움직이게 할 수밖에 없었고, 그 후에는 신을 필요로 하지 않았다."

신이 세상을 창조하고 물체에 운동을 부여하니(신의 손가락이 빅뱅을 일으켰다), 당구공이 서로 부딪치듯 기계적으로 움직이는 시스템이 완성되었다는 것이 데카르트의 철학이다.

파스칼은 **기하학적 정신이 그리는 세계, 삶의 목적과 의미와 가치에 관해 이야기하지 않는 세계, 영원히 침묵하는 무한한 공간에 공포를 느꼈다.** 그런 차가운 세계에 안주할 수 없어서 '**심정**心情**의 논리**'를 통해 마음에 떠오르는 신을 찾기 시작했다. 세상은 이성만으로 파악할 수 없으며, '**사랑의 질서**'를 알아야 한다.

⊙ '인간은 생각하는 갈대다' 어떤 의미일까?

《팡세》는 인간론과 종교론으로 나뉜다. 인간을 자연과 신의 중간에 놓고, 인간의 비참함과 위대함을 통찰하며 신에 관해 이야기한다. 파스칼이 말하길, 인간은 두 가지 무한함의 중간에 놓여 있다. 광활한 자연에 비하면 '한쪽 구석을 헤메는 무無와 다름없는 존재'이고, 진드기에 비하면 인간의 몸도 '거대한 세계'이다. **인간은 무한에 비하면 무, 무에 비해서는 전체로 무와 전체의 중간자이다.**

파스칼은 인간이 무한과 무無라는 두 심연에 기댄 불안정한 존재이자, 비참한 존재인 동시에 위대한 존재라고 생각했다.

"작은 인간을 죽이려고 온 우주가 무장할 필요는 없다. 한 줄기 바람, 한 방울의 물로도 충분하다. 비록 우주가 인간을 죽인다고 해도 인간은 우주보다 고귀하다. 왜냐하면, **우주는 공간으로 나를 감싸지만, 나는 사유思惟로 우주를 감싸기 때문**이다. 인간은 '생각하는 갈대'이다. 인간은 자신이 작고 비참한 존재임을 알고 있기에 위대하다. 갈대처럼 나약한 존재지만, 사유로 우주를 감싼다. 그래서 인간은 작지만 위대하다."

그러나 인간은 사유하는 능력을 갖췄음에도 불구하고, 지루함, 자기반성, 의기소침 상태에 빠지는 순간을 견디지 못한다. 그래서 '기분 전환'을 통해 분위기를 바꾸려고 한다. 파스칼은 이 또한 인간의 비참함이라고 비판하며, 생각하지 않으려고 주의를 산만하게 하고 시간을 낭비하는 '기분 전환'을 경계하고, 사유를 통해 기꺼이 자신을 높여야 한다고 충고한다.

연 습 문 제

> 보잘것없고 작은 존재인데 살 의미가 있나?

나란 존재, 큰 세상에서 보면 티끌에 불과하다. 보잘것없이 사는 짧은 인생, 위로 올라가자니 끝이 없다. 사는 의미를 잘 모르겠다. 가만히 있으면 마음이 너무 답답해서 영화, 술, 게임으로 기분 전환이라도 하지 않으면 도저히 버틸 수가 없다.
파스칼의 철학으로 이 사람에게 조언해 준다면?

 사고방식의 힌트!

인간은 작고 나약한 존재이다. 동시에 '사유'로 자신을 높이고 우주를 감쌀 수 있는 위대한 존재이다.

 '즐거우면 된다!'는 말은 인간을 비하하는 것이다

인간에게는 논리적이고 날카로운 면(기하학적 정신)과 부드럽고 정서적인 면(섬세의 정신)이 있다. 따라서 이론적으로 딱 잘라 말할 수 없는 존재가 인간이다. 우울하고 불안한 것도 인간이라는 증거이다. 우리는 **'기분 전환'으로 속이기보다 '사유'를 통해 인간의 존엄성을 유지해야 한다.** 기분 전환을 한다는 것은 '나는 쓸모없는 사람이다'를 확인하는 것이다. 기분 전환을 하는 순간에는 모든 것이 잊히지만, 해결되는 것은 없다.
철학적 '사유'로 인생을 마주하면, 적어도 자기 자신을 잃지는 않을 것이다.

루소

Jean-Jacques Rousseau
계몽사상

> 모든 사람이 참여할 수 있는
> 이상적인 사회를 지향한다

| 국가 프랑스 | 사상 사회계약, 일반 의지 | 1712~1778 |

저서 《인간 불평등 기원론》,《사회계약론》,《에밀》등

불평등이 없는 자연으로 돌아가자!

⊙ 불평등이 우리를 망쳤다

　루소의 생각에 따르면, 인간은 본디 선하나, 불평등을 강요하는 사회 구조가 인간을 타락시켜 버렸다. 인간의 무구한 자연성을 되찾으려면 사회 구조와 인식을 개혁해야 하며 새로운 교육이 필요했다. 따라서 그는 교육론에 관해서도 언급한다.

　루소는 **'자연 상태'**의 인간은 완전한 자유, 평등, 독립을 누려야 한다고 말했다. 자유, 평등, 독립적인 인민의 사회계약을 통해 국가를 건설해야 한다.《사회계약론》에 쓴 **기본적 인권, 주권재민, 저항권, 자유와 평등** 등의 사상은 근대 시민사회에 큰 영향을 미친 원리가 되었다.

　루소에 따르면, 자연인(원시인)은 나무 아래에서 허기를 채우고 가까운 개울가에서 갈증을 해소하는 행복한 미개인이었다.

국민 참여 투표로
결정 되었습니다!

이 소박한 자연생활 속에서 자연인은 육체적 불평등을 제외하고는 사회적 불평등을 느끼지 않았다. 완전한 자유와 평등을 유지하고 있었기 때문이다. 인간관계나 사회문제도 없다. 지성이 발달하지 못했으므로 성격이 온순했고, 타인에 대한 **'연민'**과 **'자기보존의 감정'**을 중시하는 소박한 사람들이었다.

그런데, 어느 순간 땅을 둘러싸고 '이곳은 이제 내 것이다'를 선언한 사람들이 등장했다고 가정해보자. 그렇게 사유 재산 개념이 출현하고 타인의 노동이 필요해지면서 노예제도가 생기고, 그에 따른 빈곤, 비참, 악덕이 싹트고 만다.

이렇게 욕망과 야심이 자극되어 폭력과 약탈, 지배와 반란이 반복되는 무서운 사회가 된다. 루소는 **사유 재산제**야말로 모든 악의 근원이라 생각했다.

⊙ 자연으로 돌아가 평등한 사회를 만든다!

《사회계약론》에는 '인간은 자유로운 존재로 태어났음에도 도처에서 쇠사슬에 묶여 있다'고 쓰여 있다. 이는 본래의 사회 모습이 아니므로 정상 상태로 되돌릴 방법이 필요했다.

루소는 개인의 자유를 보장하는 최선의 정부를 세워야 한다고 주장한다. 주인과 노예의 복종 관계에 있는 국가가 아니라 자유, 평등, 독립적 주체로서의 인간의 합의, 즉 자유로운 **사회계약에 근거한 국가**를 건설해야 한다. 그러한 국가에서 개인은 전체와 결합하되, 자신 외에는 누구와도 복종 관계를 맺지 않기 때문에 자유와 평등이 실현된다.

새로운 자유국가에서는 인민이 주권을 가지고, **'일반 의지'**에 의해 정치가 이루어진다. 개인의 이익만 추구하는 개인 의지(특수 의지)가 모이면 '전체 의지'가 된다. 이는 단지 다양한 의지의 집합일 뿐이다. 따라서 공통의 이익을 목표로, 모두가 옳다고 생각하는 '일반 의지'가 바람직하다고 여겨진다. **정부는 주권자인 인민의 '일반 의지'를 따르는 정치**를 하고, 인민은 항상 정부의 행동을 감시한다.

루소는 인민이 정부에 소속된 사람들을 자유롭게 임명하고 해임해야 한다고 강조했다. 루소는 대의제를 부정하고 모든 사람이 참여하는 직접 민주제를 이상으로 삼았다.

현실적으로 이러한 루소의 사상을 적용하기는 어려울 수 있으나, 기술의 발전으로 가까운 미래에는 스마트폰으로 국민이 정부의 안건에 직접 투표하는 시대가 올지도 모른다.

연습문제

> ### 빈부 격차는 당연한 현상인가?

우리는 자본주의 사회에 살고 있다. 노력한 사람은 그에 합당한 보수를 받고, 게으른 사람은 적게 받는다. 온전히 자신의 소유이므로 의욕도 생긴다. 만약 사유 재산을 국가에 빼앗긴다면, 열심히 일하고 싶어 하는 동기가 유발되지 않을 것이다. 사유 재산이야말로 우리 삶의 의욕으로 이어진다. 빈부 격차는 당연하다.
루소의 철학으로 이 사람에게 조언해 준다면?

 사고방식의 힌트!

승자와 패자가 생기는 사회 체제의 원인은 무엇일까? 좀 더 전체적인 시각에서 생각해야 하지 않을까?

 ## 모든 사람이 납득하는 사회를 목표로 하자

루소에 따르면, 개인의 이익만 추구하는 사회는 불평등을 야기한다. 모두 동의하는 공통 의지(일반 의지)를 존중해야 한다. 무작정 이익만 추구한다면, 빈부 격차만 커질 뿐 선한 사회가 되지 않는다. 또한, 사유 재산을 늘리면 어떤 형태로든 빼앗길 수도 있다는 의혹이 강해진다. 국가 차원에서는 최악의 상황에 전쟁으로 발전하게 된다. **빈부 격차가 생기는 원인을 생각하고 그로 인한 문제를 최대한 바로잡기 위해서라도, 루소의 사상을 검**토해 볼 필요가 있다.

칸트

Immanuel Kant

도덕철학·이성비판

> 자신을 통제하는 것이
> 진정한 자유이다

국가 독일　　　사상 이성, 정언명령　　　　　　　1724~1804

저서 《순수이성비판》,《실천이성비판》,《판단력비판》

내 마음의 소리 '너는 ○○하라!'

⊙ 이해할 수 있는 것과 없는 것 사이에 선을 긋는다

이성의 힘을 지나치게 믿으면 이상한 일이 일어난다. 이것을 **'이율배반'**이라고 하는데, 두 가지 주장 모두 사실로 보이지만, 결론은 정반대이다. 예를 들어, '우주는 끝이 있다, 우주는 끝이 없다', '신은 존재한다, 신은 존재하지 않는다' 등이다.

칸트는 경험할 수 없는 것을 머릿속으로만 생각하기 때문에, 공회전 현상이 생기고 답이 분열해 버리는 결과를 초래한다고 말한다. 그는 인간의 인식 구조를 명확히 하고, 이해할 수 있는 영역과 이해할 수 없는 영역을 구분하였다.

인간의 인식은 다음의 세 가지 절차를 따른다. **'감성'**으로 대상을 파악한 후, 대상을 **'오성**悟性**'**(정리·정돈하는 능력)으로 사유한다. 그리고 **'이성'**이 큰 틀에서 정리하고 대 규칙을 만든다.

　예를 들어, 밖에서 무언가가 움직이고 있다는 정보가 머리에 들어오면(감성), '야옹 하고 우네', '아, 삼색 고양인가'(오성)라며 인식이 생긴다. 만약 삼색 고양이가 아닌 아메리칸 쇼트헤어나 러시안 블루와 만나도 '고양이'임을 알 수 있다(이성에 의해 개념을 보편화하는 능력으로 알 수 있다). 단순히 카메라로 고양이 사진을 찍는 것이 아니라, 머릿속의 '고양이 필터'를 통해 고양이를 인식하는 느낌이다. 칸트에 의하면, **객관은 주관적 작업으로 구성된다(코페르니쿠스적 전환**Kopernikanische Wendung**)**.

　사실, 고양이는 경험의 범위 내에 있으므로 쉽게 인식할 수 있었다. 하지만 우주의 끝, 신, 사후 세계 등은 경험의 범위를 벗어난다. 인간은 필연적으로 그런 것에 대해서도 생각한다. 칸트의 이성 구분에 의하면, 신, 영혼, 자유, 우주의 끝, 물질의 최소 단위 등은 사유만으로 결론이 나지 않는다(아무리 생각해 봐도 알 수 없다). 여기까지가 칸트의 저서《순수이성비판》이 다루고 있는 인식에 관한 이야기(이론이성=인식하는 구조 서술)이다.

⊙ 욕망대로 사는 건 자유롭지 않다고?

칸트의 다른 저서《실천이성비판》에서는 욕망을 억누르는 이성(실천이성)에 관해 서술하고 있다. 우리는 욕망을 마음대로 충족할 수 있어야 '자유'라고 느낀다. 하지만, 칸트는 자기 자신을 통제하는 것이 '자유'라고 말한다.

'만약 살을 빼고 싶다면 과식하지 말라'처럼 **'만약 A 하려면 B 하라'**(가언명령假言命令)는 식의 조건부 명령은 약하다. 하지만 '무조건 과식하지 말라'처럼 **'무조건 B 하라'**(정언명령定言命令)는 명령으로 자신을 통제할 수 있다면 자유롭다(칼로리를 자유롭게 조절할 수 있기 때문).

인간은 자기 이해와 욕망에 휘둘리지 않고 도덕적 명령(정언명령)에 따라 행동해야만 자유를 쟁취할 수 있다. 도덕적 자유(자율)란 다른 어떤 권위에도 타율적으로 구속되지 않고, 자기 실천 생활을 스스로 규제하는 것이다. 이는 다름 아닌 인간의 존엄성이다.

인간은 물리 법칙에 얽매여 자유롭지 못하다. 그러나 물리 법칙을 초월한 '○○하라!'의 도덕적 외침을 듣고 실천하면 진정 자유로워질 수 있다.

90분간의 무한리필이야말로 진정한 자유!

우리 가족은 고기 무한리필 식당에서 외식하는 것을 무척 좋아한다. 90분이라는 시간과의 싸움이다. 포만중추가 자극되기 전에 최대한 먹어야 하니까 자리를 잡자마자 빠르게 먹기 시작한다. 디저트도 무한리필이라서 디저트가 들어갈 위 공간을 확보해야 한다. 안창살, 우설, 갈빗살 등 여러 부위를 먹을 수 있어서 정말 좋다. 90분간의 진정한 자유다! 칸트의 철학으로 이 사람에게 조언해 준다면?

 사고방식의 힌트!

대체로 욕망 충족이 진정한 자유라고 생각하지만, 그것은 오히려 동물적 부자유이다.

 ## 스스로 자신을 통제할 수 있다

배가 고파서 많이 먹는 것은 '만약 A 하려면 B 하라'(가언명령)를 따르고 있다. 이는 욕망의 지배를 받는 것이므로 자유로울 수 없다. **자발적으로 자신에게 부과하는 '무조건 ~하라'(정언명령)를 따라야 욕망의 지배자가 될 수 있다.** 예를 들어, '무조건 소식하라'와 같은 도덕적 명령에 따르면 자율적 삶을 사는 것이다. 이는 스포츠에서 느껴지는 성취감이나 충실감과도 비슷하다. 다이어트에도 효과적인 철학이라 할 수 있다.

헤겔

Georg Wilhelm Friedrich Hegel
독일 관념론

모순이 있기에
진실에 가까워질 수 있다

국가 독일　　사상 변증법, 역사철학　　1770~1831

저서 《정신현상학》, 《논리학》 등

우주의 규칙 '변증법'으로 무엇이든 알 수 있다

⊙ 문제가 있기에 앞으로 나아간다

　헤겔은 문제가 발생하는 것이 꼭 나쁘지는 않다고 생각했다. 우주의 구조에서 보면, 문제를 피할 수는 없다. 부정당함으로써 새로운 측면을 발견하고, 갈등에서 변화가 생기며, 모순이 있기에 발전할 수 있다. 결국 안 좋은 사건은 성장을 위한 인생의 통과점인 셈이다.

　헤겔은 매사에 모순되고 대립하면서 진행하는 우주의 법칙을 가리켜 **'변증법'**이라고 했다. 앞으로 나아가는 것과 모순에 걸려 넘어지는 것은 한 세트이다. 앞을 가로막는 벽이 나타난다면, 더 높이 올라가기 위한 통과점이라고 생각한다. 헤겔은 변증법으로 우리의 사고 패턴과 세계가 존재하는 방식을 모두 파악할 수 있다고 말한다.

아뿔싸! 날벼락 떨어지겠다!

도둑질　　벼락 할아버지

변증법 공식은 다음과 같다. **①안정된 단계(즉자^{卽自}), ②모순 발현 단계(대자^{對自}), ③모순을 해소하고 향상되어 보존되는 단계 (즉자대자)이다.**

예를 들어보자. ①가냘픈 하체(즉자), ②근육 단련(대자), ③튼 튼한 하체(즉자대자), 혹은 ①지금 같은 성적을 유지(즉자)하면 안 된다고 생각한다, ②열심히 공부 한다(대자), ③성적이 오른 다(즉자대자)로 이해할 수 있다. 감기에 걸리는 것은 신체에서 면역 기제가 저항하고 있기 때문이고, 상사로부터 업무 지적 받은 것도 변증법으로 설명할 수 있다.

이렇게 세상은 변증법으로 순환하고 있다. 문제점에 일일이 초점을 맞추면 고민스럽지만, 조감도로 세상을 보면 나름의 법칙으로 잘 돌아가고 있다.

변증법적으로, ①헤겔 철학을 공부하면, ②지식이 쌓이고, ③최종에 인류는 지식을 통달하게 된다. 모든 이치를 깨우친 상태를 '절대지식에 도달했다'고 한다. 이는 완전한 신의 지혜이므로, 자신이 **신(절대정신)**이 되는 것이다. 원래 인간은 각성하지 않은 상태의 신이고, 공부를 계속하다 보면, 깨달은 신이 된다(그러나 이 주장은 왠지 너무 비약적인 발상이라는 생각을 떨쳐 버리기 어렵다).

⊙ **역사는 좋은 쪽으로 나아가고 있다는 법칙**

인간은 자기 내면에 있는 것을 외부에 드러나도록 표현(발명이나 디자인 등)하길 원한다. 그 표현 방법도 변증법의 패턴을 따르고 있다.

세상 만물과 우주도 자기를 표현하고 싶어 한다. 그 증거가 '역사'이다. 역사도 변증법적으로 나아가고 있다. ①안정적인 시대는 ②갑자기 모순을 맞이하고 ③전혀 새로운 시대로 돌입한다. 역사는 **자유 실현**을 위해 꿋꿋이 나아가고 있다. 인류 역사 초기에는 자유가 지배자의 전유물이었으나, 시대가 진보하면서 이제는 많은 사람이 자유를 누리게 되었다.

헤겔은 **이성이 세계를 지배한다**고 생각했다. 부정적 요소가 많았던 역사도 변증법적으로는 완벽한 상태로 향하고 있다는 것이다. **헤겔은 역사에 법칙성이 있음을 밝힌 철학자**였다. 그의 철학은 근대 말미에 유종의 미를 위대하게 장식했으며, 그의 사고법은 다양하게 해석되어 현대 철학으로 이어졌다.

연 습 문 제

> ### 스마트 기기에 적응이 안 된다

스마트 기기는 연일 출시되는데 나는 적응이 안 된다. 세상이 점점 더 복잡해지고 문제만 늘어날 뿐이다. 그리고 스마트 기기들이 계속 출시되면서 구형 핸드폰에 대한 지원도 사라지고 있다. 사기당한 기분이다. A/S라도 받을라치면 부품이 없다면서 신제품으로 교체하기를 권한다. 태블릿이든 스마트폰이든 뭐든 간에 절대 사지 않을 것이다! 헤겔의 철학으로 이 사람에게 조언해 준다면?

 사고방식의 힌트!

모순이 발생하고 앞으로 나아간다는 우주의 법칙이 있는 한, 신제품은 계속 출시될 텐데, 공부할 수밖에 없지 않을까?

 모순 없는 인생은 없다

공부를 왜 해야 하냐고 반문하는 사람들이 많다. 그냥 원시인처럼 살아도 좋다는 생각을 할 수도 있지만, 우주의 법칙이 허락하지 않는다. **안정된 단계에 모순이 생겨, 더 높은 단계로 돌입한다는 패턴에서 벗어날 수 있는 사람은 없다.** 적응하려고 노력하지 않으면 변증법의 소용돌이에서 뒤처진다. 앞으로도 계속 새로운 '지식'이 세상에 쏟아져 나오고, 새로운 기술을 적용한 신제품도 계속 개발될 것이다. 우리 인생이 변증법임을 인식하고, 발전에 관심을 가져보는 것은 어떨까? 새로운 기술은 제품 설명서로 공부해 보자!

쇼펜하우어

Arthur Schopenhauer
독일 관념론

> 삶의 고통에서 벗어날 수 있는
> 유일한 방법

`국가` 독일   `사상` 생의 의지   1788~1860

`저서` 《의지와 표상으로서의 세계》 등

인생은 고통에 지나지 않는다

⊙ '~하고 싶다'로 표현된 인간

쇼펜하우어는 세상의 깊숙한 곳에 '~하고 싶다'는 근원적인 **의지**가 있다고 생각했다. 감각으로 포착할 수 없는 곳에 있다가, 오감으로 파악하기 쉬운 형태로 나타나는 것이다.

인간의 신체를 예를 들어 보면, '눈'은 '보고 싶다'는 의지가 **현상화(객관화)**된 것이다. '코'는 '냄새 맡고 싶다', '입'은 '먹고 싶다', '발'은 '걷고 싶다'는 의지의 현상화이다.

동식물을 관찰해도 '~하고 싶다'는 의지가 형태로 표현되고 있음을 알 수 있다. 식물은 광합성을 하고 싶어서 잎을 펼치고, 거미는 먹이를 잡고 싶어서 그물을 친다. 고양이는 좁은 공간을 다니고 싶어서 수염을 센서로 사용한다.

모든 생명체는 의지가 있고, 각기 다른 형태로 현상화하고

있다. 그런데 여기서부터 쇼펜하우어의 암울한 이야기가 시작된다. 이는 '**살고 싶은 맹목적 의지**'이다. 생물은 살고 싶어서 사는 것뿐이다. 아무런 목적도 없다.

동물은 그래도 괜찮을지 모르지만, 인간이라면 곤란해진다. 그저 살고 싶어서 사는 것뿐이라면 아무런 의미도 없는 삶이 되어 버린다. 무한히 일어나는 욕망을 채우고자 할 뿐이다. 그리고 욕망과 욕망이 서로 충돌하면서 세상 곳곳에서 투쟁과 전쟁이 일어난다.

의지는 한없이 굶주린 존재지만, 현상(현실)의 세계에는 물리적 제한이 있어서 욕망은 영원히 충족되지 못한다. 끝없이 원함에도 결국 아무것도 얻지 못하면, 인생은 고뇌 그 자체이며, 모든 노력이 헛될 뿐이다.

⊙ 깨달음의 경지에 들어갈 수밖에 없다

쇼펜하우어는 독일인이지만 인도 철학에 매료되었고, 괴로움을 해소하는 방법으로 현자의 생활 태도를 깨우쳤다. 모든 개체(인간이나 동식물, 기타 생물)는 욕망으로 의지를 발현하므로, 의지를 상실하면 고통에서 벗어날 수 있다.

우선, **'동정'**을 중요시한다. 동정은 타인의 고통을 목격한 즉시 생기는 감정이다. 타인의 살고 싶은 의지를 마땅하게 인정하는 감정이므로, 이기심을 버리고 **'이타심'**을 취할 수 있다. 이는 어느 정도 고통을 완화해 준다.

음악이나 회화 등의 예술로도 고통을 완화할 수 있다. 그러나 진정제 같은 효과를 발휘할 뿐, 근본적인 해결책은 아니다. **의지를 부정(의지부정)**하는 것만이 유일하고 근본적인 해결 방법이다.

쇼펜하우어는 살고자 하는 의지를 부정하는 '금욕'이 고통에서 벗어나는 유일한 길이라고 생각했다. 그는 의지를 부정하고, 어떤 것에도 자신의 의지가 집착하지 않도록 경계함과 동시에, 자기 내면의 모든 것에 대한 무관심을 확립했다. 그러면 금욕의 고통에 의한 해탈의 경지를 이를 수 있다고 말한다. 이는 불교에서 말하는 열반의 경지에 가깝다고 볼 수 있다.

언제쯤 행복해질 수 있을까?

오늘은 기다리고 기다려온 일요일이다. 하지만 주말 TV 프로그램이 끝나갈 때쯤이 되자 우울함이 몰려온다. 내일이면 다시 출근해야 한다. 주말을 앞두고는 정말 좋았었는데…. 즐거운 시간은 왜 이렇게 빨리 끝나는 걸까? 언젠가 인생이 편해질 날이 오겠지…. 다음 주말까지 버텨 보자.
쇼펜하우어의 철학으로 이 사람에게 조언해 준다면?

 사고방식의 힌트!

욕망은 무한히 생겨나고, 일단 충족되면 다음 욕망이 일어난다. 무한연쇄를 어떻게 헤쳐 나갈 것인가.

 우선, 인생은 고통의 연속임을 각오한다

인생이 편해질 때란 없다. 있다면 죽었을 때이다. 포기하자. 어차피 인생은 '~하고 싶다'의 연속일 뿐이다. 욕망 하나가 충족되면 다른 욕망이 솟아난다. 인간은 항상 만족하지 못한다. 욕망 충족은 한순간일 뿐이다. 그러니 애초에 기대를 버리는 편이 낫다. **인생은 한없이 고통스러운 지옥임을 깨닫는 것이다.** 그러면 신기하게도 기분이 한결 나아지고, 돈을 절약할 수 있으며, 짜증도 줄어든다. 철학적으로 극단적 비관주의를 추구하면 해탈할 수 있기에 인생이 행복해진다. 고통을 즐기자.

Q_ 사람마다 생각하는 방식이 다르지 않나?

A_ '사람마다 다르다'는 그 자체가 철학이다(상대주의).

'각자의 의견이 있으니 한 가지 생각을 강요하지 마! 나는 나야!'라고 주장하며 사회 규율을 무시하는 사람이 있다. 그 사람에게 '공통 수칙을 지키자'고 말하면 그 사람이 하지 말라고 했던 생각을 강요하는 것이 된다.

하지만 '각자의 의견이 있다'고 한 자신도 그 각자에게 해당하므로 본인의 사고방식에 따라 '공통 수칙을 지키자'는 의견도 인정해야 한다.

이러면 한도 끝도 없다. 결론이 나지 않을 불필요한 언쟁만 계속될 뿐이다. 그러니 '사람마다 생각이 다르다'고 너무 강조하지 않는 편이 좋을지도 모른다.

현대①~실존주의, 현상학, 사회주의

벤담

Jeremy Bentham
양적 공리주의

> 쾌락의 양을 계산하여
> 최대면 좋은 것이다

| 국가 | 영국 | 사상 | 공리성의 원리 | 1748~1832 |

저서 《도덕과 입법에 대한 원칙 서론》 등

최대 다수의 최대 행복을 추구하려면?

⊙ 인간은 쾌락을 추구하되 고통을 회피하는 존재

벤담은 '**자연은 인류를 고통과 쾌락이라는 두 주권자의 지배하에 두었다**'고 말했다. 인간은 오직 쾌락과 고통에 의해 무엇을 해야 할지 결정할 수 있다는 의미이다. 가만히 생각해 보면, 확실히 우리는 쾌락을 추구하고 고통을 회피하는 방향으로 선택하거나 행동하고 있는 듯하다.

벤담은 행복과 도덕적 선을 결합하고, 불행과 도덕적 악을 결합하였다. **인간 행위의 동기가 쾌락 추구와 고통 회피에 있으므로 쾌락과 고통을 도덕적 선악의 기준으로 본 것**이다. 따라서 결과를 보기 전에 행위를 규제하는 이성적 원리나 자연법은 존재하지 않는다고 주장했다(결과설). 이는 기존의 철학을 뒤집는 이론이기도 하다(영국 철학은 독일 동기설과 상반된 경향이 있다).

벤담의 철학은 주로 개인행동에 적용되지만, 사회 정책에도
적용할 수 있다. 범죄를 억제하려면 고통을 수반한 형벌로 공
포를 주어야 한다. 개인의 내적 반성에 의한 제재(종교적·도덕적
제재)도 포함되지만, 벤담은 **형법으로 고통을 주는 법적 제재**를
중시했다. 유해한 행위를 억제하려면, 유해한 행위에서 오는
쾌락을 상쇄할 만큼 고통스러운 형벌의 법체계가 필요하다.

⊙ 쾌락을 계산하면 사회가 전반적으로 좋아진다

벤담의 주장에 따르면, 사회는 개인의 집합이므로, 개인의
쾌락이 최대한 증대하면 사회는 좋아질 수밖에 없다. 그리고
쾌락 최대치를 계산하는 '7가지 기준'을 고안했는데, 이것이
쾌락 계산이다.

① **강도**Intensity: 얼마나 강한가?

② **지속성**Duration: 언제까지 지속되는가?

③ **확실성**Certainty: 얼마나 확실한가?

④ **근접성**Propinquity: 얼마나 빨리 얻을 수 있는가?

⑤ **다산성**Fecundity: 이 이상의 다른 쾌락을 얼마나 유발하는가?

⑥ **순수성**Purity: 고통이 혼합되어 있는가?

⑦ **범위**Extent: 쾌락을 누리는 사람이 얼마나 많은가?

예를 들어, 쇼핑몰이 건설되면 다수의 사람을 위한 편리한 공간이 되지만, 기존 전통 시장은 부정적인 영향을 받게 된다. 완공 기간이 너무 오래 걸려도 부정적이다. 교통, 인접 주거지 등 입지 조건도 고려해야 한다. 이렇게 마이너스 요소들을 차감 계산하고, '**최대 다수의 최대 행복**'을 목표로 한다.

우리가 어떤 판단을 할 때, 그 자체의 가치와 결과 중 무엇을 중시할지 선택을 강요받을 수 있다. 목적을 우선시하면 동기주의이고, 공리주의처럼 결과를 우선시하면 **귀결주의**이다.

동기주의자인 칸트의 주장대로 정언명령을 따르면, 형식적 행동이 촉진된다(p.104 참조). 반면, 효과를 수치로 확인할 수 있는 귀결주의는 구체적이고 실천적이다. 수치로 행복의 순위를 정한다니 인간미가 떨어진다는 의견도 물론 있다.

그럼에도 **공리주의는 사회문제를 실질적으로 해결하기 위한 현실적 개혁원리로 활용하기 편리**하다는 이유로 우리 삶 전반에 미치는 영향이 크다. 역사적으로 공리주의를 부국강병의 원칙으로 삼았던 나라들도 있었다.

> 한 사람을 위해 여러 사람이 희생해야 할까?

한 노인이 정차한 버스를 향해 열심히 뛰어오고 있었다. 버스 기사는 정시 출발이 원칙이라며 냉정하게 문을 닫았다. 버스는 정시에 출발했고, 노인은 망연자실한 표정으로 정류장에 서서 멀어져 가는 버스를 바라보았다. 너무 가혹하다! 잠시 기다려 줄 수도 있는 거잖아!
벤담의 철학으로 이 사람에게 조언해 준다면?

 사고방식의 힌트!

다수의 사람이 피해를 보지 않도록, 어느 정도의 희생은 감수해야 한다.

 ## 모든 사람이 만족하는 사회는 무리다?

벤담의 공리주의에 따르면 정시 출발한 버스 기사의 행동은 옳다. **공리주의는 효용의 극대화를 추구하며 '최대 다수의 최대 행복'을 목표로 한다.** 만약, 버스 기사가 노인을 태우려고 정시에 출발하지 않았다면, 계획된 운행 시간에 차질이 생긴다. 그러면 버스 회사의 전체 효용이 감소하고 다수 승객의 '고통'이 증가한다.

공리주의가 표방하는 '최대 다수의 최대 행복'은 모두를 똑같이 행복하게 한다는 의미가 아니다. 소수의 희생을 감수하고서라도 사회 전체 쾌락의 총합을 최대화해야 한다는 사고방식이다.

밀

John Stuart Mill
질적 공리주의

쾌락의 종류는 다양하지만
고상한 쾌락을 목표로 한다

| 국가 | 영국 | 사상 | 질적인 쾌락, 자유론 | 1806~1873 |

저서 《자유론》,《공리주의》,《정치경제학 원리》,《자서전》 등

쾌락을 맹목적으로 계산하는 것은 무의미하다

⊙ 쾌락에도 질이 있다

밀은 기존 공리주의의 문제점을 비판하면서 개선한 철학자
이다. 벤담의 '최대 다수의 최대 행복'을 계승했으나, **'쾌락의
질적 차이'**에 관해 깊이 고민했다.

'쾌락 계산'은 행위의 동기를 제외하고 있다. 어떤 마음으로
행동했는지는 평가하지 않고 결과만을 중시하며 쾌락이 증가
하는 행위면 선한 행위로 본다. 이에 대해, 의문을 가졌던 밀은
쾌락에도 질적 우열이 있다고 생각했다.

예를 들어, 무제한으로 먹을 수 있는 음식에서 얻는 기쁨과
문학 작품, 연극이나 오페라 등의 공연 예술을 보고 감동하는
기쁨을 비교해 보자. 쾌락의 양으로 생각하면 둘 다 같을 수도
있고, 사람에 따라 무제한 음식의 기쁨이 우위일 수도 있다.

밀은 쾌락의 질을 중요하게 생각했고 저서 **《공리주의》**를 통해, 다음과 같이 말했다.

"만족한 돼지보다 불만족한 인간이 되는 것이 더 낫고, 만족한 바보보다 불만족한 소크라테스가 되는 것이 더 낫다."

돼지는 인간과 달리 고민이 없지만, 그래도 돼지가 되고 싶지는 않다. 그래서 인간은 질적으로 우월하고 고상한 쾌락을 추구하는 존재라고 할 수 있다.

밀의 주장에 따르면, **양질의 쾌락을 늘려야 진정한 공리주의가 실현되며, 나아가 모든 사람이 양질의 행복을 추구하면 이상적인 사회가 탄생한다.** 물론, 개인적 행복(쾌락)과 사회적 행복(쾌락)이 항상 일치한다고는 할 수 없다. 따라서 자제하는 마음으로 **이기심을 극복하고 이타주의를 확대**해야 한다.

밀은 사회 전체의 행복을 위해 개인의 행복을 희생해야 할 때도 있으므로, **진정한 쾌락과 행복은 헌신**이라고 주장한다.

⊙ 인간은 어리석은 일을 할 자유가 있다

고급스러운 쾌락을 추구한 밀은 인간의 자유에 관해서 상당히 진보된 주장을 했다. 개성에 최고의 가치를 두며, 사상과 행동을 개인의 자유로운 판단에 맡기고, 사회적 규제를 최소한으로 억제해야 한다고 생각한 것이다.

타인에게 해를 끼치지 않는 한, 인간은 자신의 생명, 신체, 재산에 관하여 자유롭다. 그래서 **타인의 생각에 상관없이 자신이 원한다면 어리석은 일을 선택할 자유가 있다.** 예를 들어, 핼러윈 날을 즐기기 위해 기묘한 분장을 하고 번화가를 돌아다녀도 남에게 폐를 끼치지 않는다면 이는 개인의 자유이다(고상하다고 할 수 없을지도 모르지만). 개인의 취미나 취향, 원칙, 신념에 근거한 행위에 대해서는 타인에게 폐를 끼치지 않는 범위에서 그 무엇이든 선택할 수 있다.

밀이 말하고 싶었던 것은 사회가 개인에게 행사할 수 있는 권력의 한계에 대해서이다. **타인에게 해를 끼치는 행위를 방지하는 경우에만 개인의 자유에 간섭할 수 있다(위해원칙 Harm principle).** 이는 사상과 양심의 자유, 표현과 출판의 자유, 결사의 자유, 직업 선택의 자유 등의 기초가 되었다(한편에서는 밀의 이러한 주장이 공리의 원리에 모순된다고 비판하기도 한다).

연습문제

요즘 젊은이들을 이해할 수가 없어!

요즘 젊은이들의 패션은 노출이 너무 심하다. 그리고 다들 성형 중독에 빠진 것 같다. 게다가 남자가 화장하질 않나. 눈 색깔도 이상하다! 피어싱에 문신을 한 녀석도 있다. 말끝마다 욕을 섞는 말투도 상스럽다. 너무 풀어주고 있는 것 같다. 자유를 제한해야 해!!
밀의 철학으로 이 사람에게 조언해 준다면?

 사고방식의 힌트!

타인에게 해를 끼치지 않으면, 어리석어 보이는 행위라도 인간의 자유를 인정하는 리버럴리즘 입장에서 생각한다.

 남에게 폐를 끼치지 않으면 뭐든지 OK

밀은 개성의 발전, 사상과 취미의 다양성 그리고 이를 보장할 자유가 다면적인 갈등 속에서 인간의 지능을 자극하고, 각 개인의 정신적·도덕적 진보의 원동력이 된다고 믿었다.

자유로울수록 다양한 의견을 더 많이 주고받을 수 있고, 그 결과 더 나은 세상이 된다는 생각이다. 타인에게 해를 입히지 않는 선에서 자신의 사상, 취미, 행동에 구애받지 않겠다는 요즘 젊은이들의 표현은 자유론에 근거하고 있다고 할 수 있다(밀의 질적 공리주의와 자유론에 모순을 제기하는 사람들도 있다).

제임스

William James

실용주의

> 실질적인 효과가 있으면
> 진리이니 일단은 하라

국가 미국   사상 실제적 효과, 신념   1842~1910

저서 《프래그머티즘》, 《심리학 원리》, 《믿으려는 의지》 등

결과가 좋으면 그것은 옳은 일이다

⊙ 이것이 미국의 철학이다

실용주의의 창시자 찰스 퍼스^{Charles Sanders Peirce, 1839~1914}는 어떠한 관념을 쉽게 이해하려면 **'실제적 효과'**에 주목해야 한다고 생각했다. 예를 들어, '딱딱하다'는 관념은 긁거나 두드려 보면 파악할 수 있다.

제임스는 이러한 실용주의를 한층 더 발전시킨 철학자이다. 그는 '실제적 효과'에 '정서적 반응'을 포함하여 **'자신이 옳다고 믿음으로써 얻게 되는 다양한 결과'**도 실제적 효과로 삼았다.

퍼스가 주목한 실제적 효과에 대해 예를 들어보자. '다이아몬드는 딱딱하다'고 할 때, '딱딱하다'는 관념의 실제적 효과는 '칼로 다이아몬드를 베어도 흠집이 나지 않는다'이다.

그러나 '이 부적을 가지고 있으면 일이 잘 풀린다'고 할 때,

'일이 잘 풀린다'라는 관념의 실제적인 효과는 그 명제를 믿음으로써 얻어지는 개인적 경험이다.

보통 그러한 믿음은 착각일 뿐이라고 치부하지만, 제임스는 착각이 아니라 진리라고 말한다. 제임스의 실용주의는 그 관념을 믿음으로써 얻게 되는 다양한 결과를 옳고 그름의 판정 기준으로 사용한다. 그래서 '부적을 가지고 있으면 일이 잘 풀린다'고 믿고, 실제로 '잘 풀렸다'면 이 명제는 그 사람의 착각이 아니라 '진리'라고 판정한다.

제임스는 종교적 관념에 대해서 다음과 같이 말했다.

"만약 종교적 관념이 구체적 생활에서 가치를 지니는 것이 분명하고, **어떤 사람들에게 종교적인 위안을 준다면 그 관념은 '그 범위 안에서' 진리이다.**"

종교를 믿는 사람은 단지 착각을 하는 것이 아니라, 실제로 효과를 얻고 있으므로 그것은 '진리'이며, 그 사람에게 있어서 종교는 실재성(그것이 실제로 존재한다)을 가진다는 주장이다.

⊙ 결과가 좋으면 다 좋다

"지금 몇 시입니까?"라고 물었는데, "지금 계신 곳은 서울특별시입니다."라고 답하면, 질문자가 있는 곳이 서울특별시가 맞아도 질문에 대한 답변으로 유용하지 않다. 따라서 진리가 아니다.

검증 불가능한 어떤 관념이라도 그것을 믿는 사람에게 있어서 '유익'하고 '유용'하며 '만족'을 준다면 그것은 옳다. 등산 중에 길을 잃었고, 벼랑 끝에 서게 되었다. 위험을 무릅쓰고 뛰어내릴 수밖에 없다고 가정하자. 제임스에 따르면, 해낼 수 있다고 각오하고 뛰어내리는 것과 어쩔 수 없다고 포기하고 뛰어내리는 것의 결과는 전혀 다르다.

올림픽에서 "반드시 금메달을 따겠습니다!"라고 선언했던 선수가 메달 획득에 실패했다고 해서 거짓말쟁이 취급받지는 않는다. 메달을 딸 각오가 최선을 다하는 데 유용했으니 옳다. 그러니 무언가를 믿어서 행동하는데 실제적인 효과가 있다면, 그것을 진리라고 생각하자. 너무 심각하게 고민할 필요 없다.

어떤 일에 앞서, '반드시 해낼 수 있다'고 자기 암시를 걸었다면, '나의 바람일 뿐이지만…'이라는 자기 부정을 덧붙일 필요 없다. 최선을 다하는 데 실제로 효과가 있다면 그것은 옳다.

> 역시 아침 운세는 맞는 건가?

아침마다 별자리 운세를 보는 동료가 있다. 별자리 운세 조언을 믿고 따른다. '오늘은 황소자리가 최고운, 행운의 컬러는 검정'이라고 하니, 검은색 옷을 입고, 점심에는 짜장면을 먹었다. 어리석다고 생각하면서 주위를 둘러보니, 행운의 팔찌를 찬 사람이 보였다. 어휴, 저런 것들은 다 효과가 없다니까!
제임스의 철학으로 이 사람에게 조언해 준다면?

 사고방식의 힌트!

'진리'는 객관적으로 어딘가에 존재하는 것이 아니다. 행동의 결과로 판정되는 관념이다.

 역시 노란색 장지갑을 가지고 있으면 좋지!

고전 철학에서는 객관적 진리가 인간을 떠나 다른 어딘가에 존재한다(예: 이데아론). 근대 후반에 이르러 진리에 대한 관점이 바뀌었고, 인간 내면에 있는 실재성을 진리라고 주장하는 철학이 등장했다. 대표적으로 실용주의를 들 수 있다.

노란색 장지갑을 쓰면 부자가 된다는 설이 있지만, 과학적 인과관계는 없다(p.93 참조). 그러나 그 말을 믿어서 재산 축적에 능률이 오르고, **실제적인 효과가 나타나면, 진리 판정의 기준이** 되므로 노란색 장지갑은 부자가 되는 소품이라고 여길 수 있다.

듀이

John Dewey

실용주의

> 유용한 철학과 유용하지 않은 철학이 있으니
> 다양하게 활용하라

국가 미국　　　사상 도구주의, 민주주의 교육　　　　　1859~1952

저서 《민주주의와 교육》, 《경험으로서의 예술》, 《경험과 교육》 등

지식과 사고는 도구이므로 결과에 가치가 있다

⊙ 일상생활에서 사고라는 도구를 사용한다

듀이의 철학은 일상과 밀접하게 연결된 '**탐구의 논리**'이다. 그는 생각이 문제에서 해결로 넘어갈 때, 다음과 같은 과정을 거치게 된다고 생각했다. 숲으로 산책을 나섰다고 가정해 보자.

당신은 '습관적'으로 전진하고 있다. 이윽고 도랑에 길이 끊겼다는 사실을 깨닫고 도랑을 뛰어넘으려고 한다(착상, 계획). 찬찬히 눈으로 측량해 보니(관찰), 당신이 서 있는 위치는 도랑 폭이 꽤 넓고 반대편 둑은 미끄러운 진흙 같아 보인다(사실, 여건(데이터 등을 말함)).

도랑 폭이 좁은 곳을 찾아야겠다는 생각이 든다(관념). 물의 흐름을 조사(관념의 검사)하기 위해서 상류와 하류를 응시한다(관찰). 저 멀리에서 떠내려오다 걸린 통나무를 발견한다(사실).

통나무를 도랑 양쪽 둑에 걸치면, 다리로 이용할 수 있겠다는 생각이 든다(관념). 통나무를 끌고 와서 다리를 만든다(행동에 의한 검사).

정리하면 **①착상, ②문제 설정, ③가설 설정, ④추리, ⑤실행에 의한 가설 검토**이다.

이처럼 탐구 과정에서 다양한 사고가 사용되지만, 그것들은 도구일 뿐이다. **사고 방법의 가치는 사용 결과의 유효성에 있다.** 사고는 상황을 지적으로 재구성하고 미래의 행동 방식에 관계한다. 인간의 지식과 논리는 문제 해결을 위한 가설이므로 때에 따라 바뀔 수 있다.

즉, 지식과 논리는 망치나 드라이버와 같은 도구이다. 이를 **도구주의**Instrumentalism 관념도구설라고 한다.

⊙ 실용적 민주주의 교육을 지향한다

듀이는 **가치 판단**에 실험적 방법을 적용했다.

어떤 물건이나 행위에 대해 '가치가 있는가?', '바람직한가?', '만족스러운가?' 등의 가치 판단은 일종의 예상이다. 따라서 가치 판단의 정확성도 예측한 결과에 도달하는지 실험적으로 검증해야 한다.

예를 들어, '남에게 베푸는 행위는 올바르다'고 가치 판단했다고 가정해 보자. 그리고 실제로 어떤 사람에게 돈을 베풀었는데, 이후 그 사람이 일하지 않게 되는 결과를 초래하면 올바르지 않다. 그러므로 **무엇이 옳고, 무엇이 그른지 역시 실제 효과를 보고 판단해야 한다**.

듀이는 사회에 승인된 다양한 가치와 이상을 결과에 비추어 검토하고, 그들 사이에 발생하는 분쟁을 해결하며, 새로운 가능성의 길을 제시하는 것이 철학자의 역할이라고 생각했다. 따라서 듀이의 철학은 인간의 행동을 올바르게 지도하고 바람직하게 개조함으로써 사회 개선으로 연결하는 것을 과제로 삼는다. 그리고 이를 교육에 적용해야 한다고 주장했다.

듀이가 생각한 교육은 단순히 교수자의 일방적 가르침이 아니라, 학습자가 **'행함으로써 배운다**Learning by Doing**'**는 실천적 형태이다. 학교는 '작은 사회'이므로 **'문제해결 학습'**을 수업에 적용하고 다양한 다원적 가치관으로 토론하는 것이 바람직하다.

> 사실은 단 하나일 텐데…

사람은 자기 나름의 신념과 주장이 있어야 한다고 생각한다. 부모님과 선생님도 나에게 한번 결정한 일은 끝까지 해내라고 말씀하셨다. 존경하던 선배가 '올바르게 살아야 한다'는 말을 한 적이 있다. 그 뒤로 나는 모두가 올바름을 배우고, 함께 지켜야 한다고 생각하게 되었다.
듀이의 철학으로 이 사람에게 조언해 준다면?

 사고방식의 힌트!

인생 자체가 문제해결 학습이다. 만약 지금의 자기 신념이 유용하지 않은 상황에 닥치면 유연하게 바꾸면 된다.

 우리는 방식을 변경하는 유연성이 부족하다

우리 사회에서는 이리저리 생각을 바꾸면 믿을 수 없는 사람으로 취급하는 경향이 있다. 물론 약속을 지키는 것도 중요하지만, 자신이 **잘못 생각하고 있다면 바꿔야 한다.** 영미권 토론회에서는 자신의 입장을 보류하고, 반대 의견으로 바꾸는 것을 자연스럽게 여긴다. 그러면 보는 각도가 바뀌므로 새로운 관점을 발견하기도 한다.

'사실은 이것이 유일하다', '한 번 믿은 것을 끝까지 고수한다'는 사고방식이 유의미할 때도 있지만, '사고의 도구를 바꾼다'는 판단이 문제를 해결하는 데 더 용이할 수 있다.

마르크스

Karl Heinrich Marx
공산주의·유물론

> '역사의 목적은 공산주의 사회다'라는
> 시나리오가 있다

국가 독일 사상 사적 유물론 1818~1883

저서 《자본론》, 《공산당 선언》, 《철학의 빈곤》, 《독일 이데올로기》 등

역사는 정해진 이야기로 진행된다

⊙ 모든 노동은 자기실현

18세기 영국에서 산업혁명이 일어난 후, 19세기 후반에 이르자 자본가와 노동자 간 부의 격차가 확대되었다. 마르크스는 **자본주의 사회**를 분석하고, 사회 양극화 문제를 해결하려 했다. 마르크스에 따르면, 자본주의 사회의 생산물은 상품이고 노동력은 상품화이다. 노동자는 노동을 팔아서 생활하므로 자기가 자신의 주인이 아닌 것처럼 느끼게 된다. 게다가 본인들이 생산한 생산물은 자본가의 소유이므로 의욕이 나지 않는다.

인간은 타인에게 인정받고 싶다는 의욕에 기반하여 노동한다. 예를 들어, 자신의 개성을 담아 창작한 신발은 자기표현이다. 그러나 자본주의 사회에서의 노동은 익명의 생산물을 오로지 생산하는 공허한 행위이다. 본래 노동은 자기실현을 추구하는

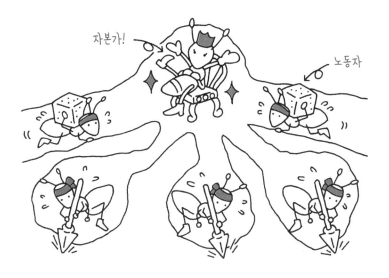

자본가!

노동자

행위지만, 자본주의 사회에서는 마치 기계의 일부인 듯, 가치 없게 느껴진다(**소외된 노동**). 게다가 무급 노동 폐해도 발생한다 (잉여 가치의 착취). 자본주의 사회에서는 인간관계가 왜곡되고, 사물관계 중심이 된다. 상품 자체에 보편적 가치가 존재한다고 믿으며(**물신화物神化**), 화폐를 만능으로 숭배한다.

이에 마르크스는 인간 노동의 본질이 상실되고, 사물이 지배하는 자본주의 사회를 개혁해야 한다고 생각했다.

⊙ **역사는 시나리오에 따라 진행된다!**

헤겔은 역사의 법칙성을 변증법(관념론적 변증법)으로 설명했다(p.106 참조). 마르크스는 이를 유물론으로 전환하였고, 좀 더 구체적인 역사 법칙(**유물론적 변증법, 사적 유물론**)으로 제시했다.

세상은 경제를 근간으로 한 **하부구조** 위에 법과 정치제도(이데올로기)를 올린 **상부구조**로 이루어져 있다. 생산력은 끊임없이 변화하고 발전하지만, 생산 관계(자본가와 노동자)는 좀처럼 바뀌지 않는다. 노동자에 대한 임금체불이 늘어나고 노동력과 부는 자본가가 흡수한다. 이러한 모순에 분노한 노동자들이 자본가를 쓰러뜨림으로써 자본주의는 다음 단계인 사회주의로 넘어간다. 마르크스는 자본주의에서 사회주의로의 변화는 물리 법칙처럼 정해져 있다고 주장했다.

그는 사회가 발달하는 단계를 다음과 같이 정리했다.

① **원시 공산제**: 자연 경제. 계급이 존재하지 않는다.

② **고대 노예제**: 생산 경제. 부의 축적으로 계급이 발생한다. 노예가 노동을 담당한다.

③ **봉건제**: 지배계급이 노예 농민으로부터 생산물에 대한 지대를 받는다. 상품 유통이 발달한다.

④ **자본주의제**: 자본 축적을 기초로 하여 산업 자본에 의한 자유경쟁 체제. 공황으로 인해 자본이 집중되며 해외 시장을 찾아 제국주의로 이행한다.

⑤ **사회주의제**: 모든 경제활동이 인민의 관리에 의해 계획적으로 운영된다.

마르크스는 자본주의제가 붕괴하고 사회주의제에 도달하면 노동자가 착취당하지 않고, 노동에 대한 정당한 보수를 받을 수 있다고 주장한다. 그리고 사회주의제가 고도화되면 노동자의 낙원인 **공산주의 사회**가 실현된다는 시나리오를 믿었다.

다들 돈 벌려고 일하는 거지?

나는 대출을 받아 집과 차를 샀다. 신용카드 할부로 쇼핑하고, 때로는
소액 대출로 카드결제 대금과 생활비를 충당한다. 매일 억지로 직장에
다니고 있다. 사실 일하는 게 너무 싫다. 어차피 돈 때문에 나가는 직장,
복권 당첨만 되면 바로 관둬야지. 다들 나랑 같은 생각이지?
마르크스의 철학으로 이 사람에게 조언해 준다면?

 사고방식의 힌트!

자기실현은 인간이 살아가는 의미이고, 일은 자기실현을 위한 것이다.

 마르크스주의를 왜 공부할까?

1991년 소련 붕괴 이후 마르크스주의에 대한 대중적 관심과
인기가 시들해진 듯 해도, 일부에서는 자본주의의 반성이라는
의미에서 재검토해야 할 사상이라고 생각한다. 지금은 역사에
시나리오가 있다고 믿는 사람은 없지만(p.206 참조), 마르크스
철학은 배울 점이 많고, 헤겔과 마르크스의 변증법은 여전히
유용한 철학 사상이다.

노동을 단지 돈벌이 행위로만 여기면 휴가와 정시퇴근이 소중
하고, 근로 수당이 없는 야근은 손해 보는 기분이다. **노동을 자
기실현으로 생각하면 좀 더 의욕을 낼 수 있을 것이다.**

키르케고르

Søren Aabye Kierkegaard
실존주의

> 마음으로 납득할 수 있는
> 자신의 진실을 찾으라

| 국가 | 덴마크 | 사상 | 주체성이 진리이다, 절망 | 1813~1855 |

저서 《죽음에 이르는 병》, 《이것이냐 저것이냐》, 《불안의 개념》 등

죽음도 감내할 수 있는 진리란 무엇인가?

⊙ 절망하는 것이 인생입니다

많은 이들이 키르케고르의 철학을 제대로 이해하지 못한다. '신 앞에서 이것이냐 저것이냐를 고민하다', **'신 앞에 홀로 선 단독자單獨者'** 등 기독교 관련 내용이 많아서 그가 도대체 무엇을 고민한 것인지 의문이 들기 때문이다. 키르케고르에 따르면, 인간은 신의 품 안에서 안식과 평안을 누리지만, 신과 단절되면 고독·불안·**절망**을 느낀다.

우주 위에서 세상을 조감도로 내려다보는 철학(**객관적 진리**를 구하는 철학)이 주류를 이루던 시기에, 키르케고르는 불안감에 고민하는 인간의 관점으로 내면적 철학(**주체적 진리**를 찾는 철학)을 설파했다는 점에서 대단하다고 할 수 있다. 당시에는 새로운 시도였고, 철학 사상사의 전환점으로 자리매김했다.

기존에는 불안과 고민에 대해 충분히 인간적으로 말한 철학자가 거의 없었기 때문에 강렬한 인상을 남겼다. 이러한 이유로 '인간의 다양한 고민에 대해 최초로 생각한 철학자'라는 관점에서 키르케고르를 파악하는 것이 좋다(기독교인이어야 한다는 것이 아니라, 기독교인이었던 키르케고르가 고민한 결과이다).

키르케고르가 말하길, 인간은 자신을 상실하고 교만해지거나 자포자기할 수 있다. 그리고 절망에 빠질 수도 있다. 절망은 인간에게 있어 **'죽음에 이르는 병'**이다.

'죽음에 이르는 병'이란 표현은 절망에 빠져 죽게 된다는 의미가 아니다. 절망에 빠졌으나 죽지도 못하는 상태를 말한다. 절망에 빠져 자기를 미워하고, 비참한 자신이 싫어져서 자포자기 상태가 되는 것이다.

그렇다고 너무 걱정할 필요 없다. 키르케고르는 절망이라는 병은 인간이 동물보다 우월한 존재이기에 걸리는 것이므로 절망이라는 병에 걸리지 않는 것이 오히려 불행하다고 말한다. 다만, 절망을 그대로 방치하지 말고, 어떻게든 대처해야 한다. 키르케고르는 **절망을 더 높은 수준의 자의식으로 끌어올릴 좋은 기회로 재고해야 한다**고 조언한다.

'이것이냐 저것이냐'의 선택을 거치며 인간은 크게 성장한다. 이는 미적 실존에서 윤리적 실존으로의 도약이다. 키르케고르는 인간의 발전을 세 단계로 정의했다.

제1단계는 **미적 실존** 단계이다. 미적 실존이란 쾌락에 모든 것을 맡기고, 쾌락을 누리기 위해 끊임없이 변화를 추구하는 삶의 방식이다. 그러나 궁극에는 쾌락을 충족하는 데 실패하고 절망하게 된다.

그래서 제2단계 **윤리적 실존**으로 나아간다. 윤리적 실존은 가족이나 사회의 일원으로서 노력하는 단계이다. 그래도 절망은 엄습하기 마련이다.

키르케고르가 추천하는 제3단계는 **종교적 실존**이다. 이성적 시각에서는 부조리하게 느껴지는 기독교 진리로의 비약이다. 진정한 기독교인은 자신의 죄의식에 근거해 '신 앞에 홀로 선 단독자'가 된다. 물론 우리 모두 반드시 그리 해야 하는 것은 아니다. 그저 내면적 진리를 찾으면 된다.

이렇게 삶의 불합리함에 대해 고민하는 철학을 **실존주의**라고 한다.

나 홀로 즐기는 삶이 좋아!

결혼은 귀찮다. 나는 계속 싱글 라이프를 고수할 생각이다. 가족을 먹여 살려야 한다는 걱정 없이 신나게 산다. 내가 원하는 일을 즐겁게 하며 살고 싶다. 미래에 대한 고민? 할 필요가 없지. 인구 감소나 사회적 책임 등은 생각하고 싶지 않다~ 즐거운 인생을 사는 게 최우선이다. 키르케고르의 철학으로 이 사람에게 조언해 준다면?

 사고방식의 힌트!

향락적인 삶이 계속 이어진다면 좋겠지만, 만약 어느 시점에 이르러 즐거움을 느끼지 못하게 된다면?

 독신으로 살 것인가, 결혼을 할 것인가

키르케고르는 레기네 올센과 약혼했다. 그는 목사가 되었고 책임감 있게 가정을 돌보겠다고 생각했다. 그러던 어느 날 갑자기 파혼을 선언한다. 아내를 불행하게 만들 것이라는 생각이 들었기 때문이었다(다양한 설이 있다). 하지만 이를 계기로 '이것이냐 저것이냐'에 대한 개념을 정립할 수 있었다고 한다. 키르케고르의 철학에 근거해 이것은 '독신', 저것은 '결혼'으로 단순하게 나누기는 어려운 문제지만, 이렇게 생각해 보면 이해하기 쉽지 않을까? **미적 실존인 채로 남을까(이것), 윤리적 실존에 들어갈까(저것)**, 어느 쪽을 선택할지는 당신에게 달려있다.

니체

Friedrich Wilhelm Nietzsche
실존주의

> 자신이 힘을 가질 수 있는 생각을
> 인간은 진실이라고 믿는다

[국가] 독일 　　[사상] 권력에의 의지, 초인 　　　　　　　　1844~1900

[저서] 《차라투스트라는 이렇게 말했다》,《선악의 피안》 등

비뚤어지지 말고 순수한 힘을 발휘하라

⊙ 르상티망이 궤변을 만든다

인간은 타인보다 더 가치 있는 존재가 되고자 하는 의지를 내재하고 있다. **자신을 높이고 성장시키고 확장하려는 근원적인 힘, 이것을 '힘에 대한 의지=권력 의지'라고 한다. 자기실현의 힘, 바꾸어 말하면 자신을 높이고 싶은 욕망이다.**

인간은 이 엄청난 힘에 이끌려 살아가지만, 불행히도 가혹한 현실 속에서 이 힘은 대개 짓밟히고 만다. 고차원적으로 진화하고 싶어도 실패의 연속이다. 그럼 대부분 "이건 진정한 내가 아니야! 세상이 나를 알아보지 못했어!"라고 외친다. 가치를 반전하면 자신의 나약함을 숨길 수 있다고 생각하는 것이다.

니체는 이를 **'르상티망**Ressentiment**(열등감, 질투, 좌절, 적개심, 원망 등의 감정이 뒤섞여 마음에 쌓인 상태)'**이라고 정의한다. 약자는 불평등한

초인 파워!

현실을 원망하며 강자를 증오하고, 언젠가 상황이 역전되어 결국 자신의 가치가 인정받는 상상을 한다. "돈이 많다고 성공한 삶은 아니야!"라는 소심한 외침도 르상티망이다. '많이 가지고 싶어도 그럴 수 없으니 그냥 돈은 가치가 없다고 결정하자. 마음이 더 소중해!'와 같은 느낌이다.

'이것이 진실이다!'라고 주장할 때는 자신이 강해지는 느낌이 든다. 그러나 '그렇게 생각하고 싶을 뿐', 진실 여부는 알 수 없다. 그래서 니체는 '진실이 무엇인가?'가 아닌, '왜 그것을 진실이라고 생각하고 싶은가?'를 묻는다. 대답은 자신이 강해지고 싶은 '힘에 대한 의지'로 귀결된다. **옳음(진리)은 각자의 해석일 뿐, 그런 것은 없다.** 니체는 이를 **'니힐리즘**Nihilism**(허무주의)'**이라고 정의한다. 옳고 그름은 없으며, 진실이 있다고 생각하고 싶은 사람이 철학을 주장한다. 니체는 인간이 만들고 스스로 부과한 모든 진리·가치·도덕·믿음을 거부했으며, 가장 높은 가치가 인간 스스로를 평가 절하한다고 주장했다.

⊙ 고달픈 인생, 몇 번이고 되풀이해 주겠다!

이로써 지금까지의 철학은 재설정되어 버렸다. 니체는 기존 철학자들을 모두 무너뜨렸다. 예를 들어, 플라톤이 이데아계가 존재한다고 주장한 것은 '그러면 좋겠다'는 마음이 먼저였고, 이론은 그 후에 구축했다. 헤겔과 마르크스도 마찬가지이다. **'그렇게 생각하면 기분이 좋다'**는 논리를 믿고 따른 것이다.

니체는 진실은 존재하지 않음을 **'신은 죽었다'**라는 한 문장으로 표현했다. '신은 죽었다'는 것은 최고의 가치를 상실했다는 의미이다. 인류가 오랫동안 믿어온 최고의 가치는 사실 존재하지 않으며, 세상은 무목적·무의미한 것으로 판명되었다. 니힐리즘 아래에서 인간은 그저 흘러가는 대로 살아갈 수밖에 없다. 그런데 이래서는 살아갈 힘이 나지 않는다.

그래서 니체는 최고 가치로서 신을 대신할 **초인**超人의 출현을 기대했다. 어려운 상황에서도 결코 르상티망으로 배후 세계를 조작하지 않고, **현실의 고통을 그대로 감내하며 자신을 강화하고 강인함을 유지할 수 있는 인간, 그것이 초인이다.**

니체는 영원한 시간의 원형에서 무한 반복되는 인생(**영원회귀**)을 몇 번이고 받아들이고, '이것이 인생인가? 좋아, 다시!'를 외치며 운명을 사랑하는 강인한 인간상을 추구했다.

연습문제

> 회사가 옳지 못해서 내가 출세하지 못했다

요즘 직장에 불만이 많다. 나는 성실하게 고객을 응대하며 제품의 장단점에 대해 진실하게 설명한다. 그런데 약삭빠른 후배가 고객을 가로채고 제품 효과를 과장하여 영업실적을 올리고 있다. 게다가 회사에서는 나에게 분발하라면서 후배의 성과를 높이 평가한다. 그 녀석은 좋은 사람이 아닌데도 말이다.
니체의 철학으로 이 사람에게 조언해 준다면?

 사고방식의 힌트!

자신이 믿고 있는 진실 역시 자신을 강화하는 재료일 뿐이다.

 불평하기 시작하면 모든 것이 르상티망이다

불평을 토로하다 보면 스트레스 발산에 도움이 될 수도 있다. 기왕이면 니체의 철학을 이해하고, 자각하면서 불평해 보자.

니힐리즘의 관점에서 볼 때, '정말 옳은 것'은 없다. 진실은 힘을 가진 승자의 생각이다. '목소리가 크면 이긴다'와 같은 느낌이라 할 수 있다. 자신이 옳고 주변 사람들은 옳지 않다고 생각하면 르상티망에 빠지게 된다. 일단, 자신의 패배를 자각하고 꼬인 데 없이 긍정적인 마음으로 '좋아, 다시 한번!'을 외치며 도전하면 된다.

후설

Edmund Gustav Albrecht Husserl
현상학

> ## 자신의 마음에 인터뷰하면
> ## 진실이 드러난다

국가 오스트리아   사상 현상학적 환원   1859~1938

저서 《논리 연구》,《순수 현상학과 현상학적 철학의 이념들》 등

에포케는 현실 세계를 드러낸다

◉ 판단을 중지하면 어떻게 될까?

만약, "당신의 눈앞에 있는 책상이 실제로 존재하는지, 환각이나 꿈은 아닌지 증명해 보시오."라는 요구를 받으면 어떻게 대답해야 할까? 이는 꽤 어렵다. 과거 철학자들은 이 세계가 가상의 공간인지, 물체가 확실히 외부에 실재하는지 궁금해 왔다. 후설의 철학은 이러한 혼란스러움을 정리해 준다.

일반적으로 우리는 세상과 사물이 객관적으로 실재한다고 생각한다. 이를 '**자연적 태도**'라고 한다. 눈앞에 보이는 책상은 실재하고, 나는 그것을 카메라처럼 포착하고 있다는 소박한 태도이다(소박실재론). 그러나 한편으로는 '나의 인식과 본연의 세계가 어긋날 수도 있지 않을까?'라는 의문이 생긴다(환각일 수도 있다).

　그러면 혼란이 가중되므로, 후설은 외부에 실재하는 세계가 있는지(외계의 실재성), 가상의 공간인지(외계의 초월성)에 대해서 일단 **에포케**Epoché**(판단 중지)**하라고 요청한다.

　즉, **우리가 통상 '거기에 있는 그대로 실재한다'고 확신하는 것을 단순한 추측일 수도 있다고 의심하고, 만약을 위해 '괄호 안에 넣는 것'**이다.

　'눈앞에 책상은 그 모습 그대로 실재한다'고 생각하지 않고, '진짜인지 환각인지, 어느 쪽인지는 모르겠으나, 일단은 보이고 있다'라며 그저 의식의 흐름만을 관찰하는 것이다.

　예를 들어, '밤에 유령인 줄 알았는데 버드나무였다'의 경우, 유령이라는 판단과 버드나무라는 사실이 엇갈린 것이다. 이런 착각이 여러 장면에서 연속적으로 일어나는 것이 인생이다.

그래서 에포케 하면, 적어도 '유령'이라고 생각했다는 것은 틀림이 없다. 그 후 버드나무라고 생각한 것도 틀림이 없다. 즉, **주관이 객관에 적중하고 있는지는 차치하고, 의식 위로 흐르는 것만 관찰한다.** 그러면 그 내용은 절대 틀리지 않은 것이 된다. 후설은 여기서부터 학문적 엄밀성을 갖춰 체계화할 수 있다고 생각했다. 이러한 의식의 조작을 **'현상학적 환원'**이라고 한다.

⊙ 현상학적 환원을 했더니 머리가 맑아진다

물론 세계가 '환원'되었다고 해서 세계의 존재가 부정되거나 상실되는 것은 아니다. 환원 후에는 외부에 실재한다고 생각되었던 책상이 **의식상에 전개되는 의미**로서의 사물로 변신한다. 무대가 물질의 세계에서 의식의 세계로 바뀐 것이다.

후설은 그 의식 본연의 작용에 대해서 여러모로 분석했다. 자세히 관찰해 보면, 의식상에 나타나는 것에 의미를 부여하는 작용이 일어나고 있다. 가위를 봤을 때, '이것은 자르는 것이다'라고 의미를 부여하는 것처럼 말이다. 후설은 책상, 컵, 가위 등과 같은 대상을 **노에마**^{Noema}**(객관 대상)**, 사고하는 작용을 **노에시스**^{Noesis}**(의식 작용)**라고 명명했다.

우리는 마음속에서 의미를 부여하고, 사물의 실재를 확신해 왔던 것이다. 현상학을 시작하면 눈에 보이는 것, 귀에 들리는 것이 모두 철학의 대상이 된다. 바로 자신의 마음에 인터뷰하는 철학이기 때문이다. 현상학은 하이데거, 사르트르 등 20세기를 대표하는 철학자들에게 큰 영향을 주었다.

연습문제

말도 안 되는 생각을 왜 하지?

철학자들은 정말 쓸데없는 생각을 한다. 외부 세계를 제대로 인식하고 있는지는 뇌 과학 분야가 할 일이잖아. 컵과 책상은 외부 세계에 있는 그대로 있고, 그것을 뇌가 파악하고 있을 뿐이다. 그 외에 세계 본연이 어쩌고 따위는 생각하지 않아도 된다.
후설의 철학으로 이 사람에게 조언해 준다면?

 사고방식의 힌트!

뇌 과학적 발상도 괜찮지만, 의식의 방향부터 재고하는 방법도 있다.

 나는 감히 뇌의 존재도 '에포케' 하겠다

뇌 과학이 알려주는 것에 만족하고 마는 건 어떨까? 어차피 뇌도 내 눈에 보이진 않으니까. 그런데 현상학은 눈앞에 있는 자동차나 건물, 컵이나 테이블 등을 재료로 의식의 흐름을 내면에서 탐구할 수 있는 철학이다. 뇌의 존재도 에포케 해보자.
이 사고법은 지금, 이 순간부터 시작할 수 있으며, 돈도 들지 않는 등 장점이 많다. 상식적인 생각을 일단 에포케하고, 자신밖에 모르는 마음속의 흐름을 자세히 관찰함으로써, 새로운 자신을 발견하게 될 것이다.

하이데거

Martin Heidegger

현상학·존재론

> 살아 있는 동안에
> 죽어가고 있다는 것을 어떻게 아는가?

국가 독일   사상 존재론, 죽음   1889~1976

저서 《존재와 시간》,《근거의 본질에 대해서》 등

나의 '죽음'과 타인의 '죽음'은 다르다

⊙ '인생의 목적이 죽음'이라면 이상하지 않아?

우리가 어떤 목표를 달성했을 때 '해냈다!'는 성취감이 든다. 그러나 목표는 여기서 그치지 않고 다음 과제가 발생하고 또 그것을 극복해야 한다. 이런 과정이 계속 이어지므로 궁극의 성취감은 적어도 삶의 과정 안에 있지는 않을 것이다.

그러면 언제쯤 달성될까? 바로 삶의 마지막인 '죽음'이다. **'삶의 목표는 죽음'**이며, 그제야 비로소 삶이 완성되어 **'진정한 자기 존재 본연의 모습(본래성Eigentlichkeit)'**을 되찾을 수 있다.

'그렇다면 죽는 때가 중요한 것인가?'라고 묻는다면 그건 아니다. 죽을 때는 아직 살아있기 때문이다. 죽고 나서는 실재하지 않기 때문에 '나는 죽었다. 이제 목표가 달성되었어!'라는 생각을 할 수 없다. 인간은 죽음을 경험할 수 없다는 의미이다.

존재는 시간이구나~

죽음은 삶의 목표임에도 참으로 이해하기 어렵다. 일상에서 우리는 종종 사망 관련 뉴스를 접한다. 그것은 '나'라는 주관이 '죽음'을 '대상(객관)'으로 인식한 것뿐이다. 죽어 있는 자신의 상태를 살아 있는 자신이 알 리가 없다.

죽음을 인식하는 것은 지극히 난해하다. 하이데거는 현상학(p.144 참조)이라는 철학적 방법으로 **'존재론'을 펼치고 죽음을 분석**했다.

죽음에 있어서는 '잃어버린 것, 없어진 것'이 완전히 같은 존재이다. '스마트폰이 없어졌다, 지갑을 잃어버렸다'의 없어진 존재는 자신이 아닌 존재이다. 그러나 '죽음'에 있어서는 없어진 존재가 자기 자신이다.

일상에서 일어나는 일은 순서를 교체하고 재정렬할 수 있다.

사회에 먼저 진출한 후에 대학에 입학해도 된다. 심지어 노화조차도 노력으로 어느 정도 젊어지게(젊어 보이게) 할 수 있다. 그러나 죽음에 대해서는 고정된 순서가 있어 반드시 마지막에 온다. **자기 죽음을 초월하여 미래부터 되짚어가며 경험한 죽음을 바라볼 수는 없다(죽음의 극복 불가능성).**

예를 들어, 학교 졸업식은 지금까지 살아온 인생에서 하나의 성취를 축하하는 행사이다. 그런데 삶 전체의 결승점, 인생의 졸업식은 '죽음'이다. 죽음이 달성되는 바로 그 순간, 참가자는 사라져 버린다. 또 다른 비유로, 건물을 짓고 있다고 치자. 건물의 완공과 동시에 무너지는 일은 거의 없을 것이다. 하지만 '죽음'은 인생의 끝, 삶의 목표를 성취한 바로 순간, 모두 사라져 버린다. 게다가 자신의 죽음은 다른 누가 대신해 줄 수 없으며, 반드시 자신이 감내해야 한다.

이렇게 '죽음에 대한 분석'을 읽고 있자니, 침울한 기분이 엄습한다. 이에 하이데거는 우리에게 **죽음에 대한 선구적 결의**로 조언한다.

"죽음을 향한 존재(현존재)는 본연의 자신다운 방법으로 죽음을 각오하고 자기 존재의 본래 모습을 되찾아야 한다."

자신의 죽음이 아직 오지 않은 지금, 죽음을 외면하지 않고, 이 순간부터 끊임없이 자기 존재 본연의 모습을 직시한다면 삶이 더욱 빛나게 될 것이다.

죽으면 나는 사라지는 거야…

나는 어느 날부터 죽음에 대해 생각하기 시작했다. 고민을 거듭한 끝에 죽음에 대해 결론을 내렸다. 죽음은 생체조직이 뿔뿔이 흩어져 사라지는 것이다. 죽으면 아무 생각 하지 않아도 된다. 죽음은 소멸이다. 그러니 지금 죽음에 대해 생각해 봐야 아무 소용이 없다.
하이데거의 철학으로 이 사람에게 조언해 준다면?

 사고방식의 힌트!

자신이 없어진 상태를 지금 존재하는 자신이 생각하는 것은 모순이다.

 죽음을 외부에서 포착하면 안 된다

연습문제에서 말하는 '죽음'은 '객관적인 죽음', '외부에서 본 죽음'이다. '죽음은 소멸이다' 역시 타인의 죽음을 가리킨다. 의학적으로는 맞지만, 지금 이 순간 살아있는 자신이 체험하고 있는 것은 아니다.

살아있는 지금, '죽음에 대해 무엇을 알고 있는지' 자신의 마음에 인터뷰해 보자. 그러면, '자신과 연결되어 있던 세계가 사라진다', '언제 올지 모른다', '마지막에 온다', '자신이 온전히 감수한다' 등의 답이 나올 것이다. 이렇게 죽음을 자각함으로써 외면했던 '죽음'을 감내할 각오를 하게 된다.

야스퍼스

Karl Jaspers
실존주의

뛰어넘을 수 없는 벽에 부딪혀야
비로소 알게 되는 것이 있다

국가 독일　　　사상 한계 상황, 초월자　　　　　　　　1883~1969

저서 《이성과 실존》, 《철학》, 《현대의 정신적 상황》 등

한계 상황에 몰리면 알 수 있는 일

⊙ 인간을 내면에서 설명해 보자

야스퍼스는 '인간이란 무엇인가'에 대해 생각했다. 지금은 일반적인 생각으로 느껴질 수 있지만, 당시에는 새로운 발상이며 획기적인 철학이었다.

야스퍼스는 **인간이란 객관적 대상화가 되지 않는 주체로서의 '나'**라고 정의했다. 물론 생물학적으로 인간을 분석할 수는 있다. 그런데 누군가 "당신은 단백질, 지방, 칼슘 덩어리입니다."라고 정의하면, 왠지 거부감이 든다.

객관적·주관적인 관점에서 모든 것을 대상화하고 합리화한 근대 철학의 원리에 대해 야스퍼스 역시 거부감을 느꼈다. 그는 '내면으로부터의 인간은 무엇인가?'를 고민했으며, 이러한 철학을 **실존주의**라고 한다.

실존주의는 '지금 살아 있는 나'에 대해 내면으로부터 생각하는 철학이며, 키르케고르, 사르트르의 사상도 실존주의에 바탕을 두고 있다. 야스퍼스는 한발 더 나아가 **실존(지금 살아있는 나)**을 탐구하려면 '존재 그 자체'에 대해 더 깊이 연구해야 한다고 주장했다. 그의 철학에는 최종에 **초월자(신)**가 등장하기에 유신론적 실존주의로도 분류된다.

야스퍼스에 따르면, 인간은 나무, 돌 등의 사물과 같은 세계에 존재한다. 그런 의미에서 인간은 **세계**의 일원이지만, 인간을 물리학적 대상인 **물질**로만 설명할 수는 없다. 또한, 인간을 생물학적 대상인 **생명**으로, 심리학적 대상인 **마음**으로만 설명할 수도 없다. 단지 특정 측면으로 인간을 고찰하기 때문이다. 그렇다고 '인간은 정신이다'라고 정의하면 너무 주관적이다.

야스퍼스는 여러 가지가 한데 뭉쳐 있는 존재라는 의미에서, '인간은 주관과 객관의 대립을 초월한 **포괄자**'로 생각했다.

⊙ 막다른 곳에 이르면 신을 알게 된다

모든 인간은 **한계 상황** 속에서 살아가야 한다. 한계 상황은 **'죽음', '고뇌', '갈등', '죄책감'**을 말한다. 죽음은 누구도 피할 수 없고, 고뇌는 살아있는 동안 누구에게나 따르기 마련이다. 최대한 갈등을 피하며 살고 싶지만, 동종 업계 간의 고객 유치 경쟁도 갈등에 포함되므로 우리는 알게 모르게 일상에서 늘 경쟁과 쟁탈이라는 갈등을 벌이고 있다. 그런 가운데, 나의 이익을 위해 상대가 불이익을 감수해 주기를 바라면서 일종의 죄책감을 느끼기도 한다.

이처럼 인간은 한계 상황을 피할 수 없지만, 이것이 철학적 사유를 일깨우는 계기가 된다. 한계 상황에 살기 때문에 지금 살아있는 나(실존)를 분명히 알 수 있다는 것이다. 한계 상황에 절망감을 느끼기도 하지만, 자신을 초월한 존재의 품에 안겨 지지받고 있음을 느끼기도 한다. 그렇게 자신은 자기를 넘어선 그 이상의 존재, 즉 초월자(신)에 의해서 보내졌다는 의식(포괄자는 초월자였다)이 생긴다.

초월자를 종교적 신이 아닌, 철학적 신으로 설명해 본다면, **온 세상은 초월자(신)를 가리키는 '코드'이다.** 초월자가 코드를 보내오기 때문에 우리는 한계 상황에 부딪히면서 코드를 해독해 가게 되는 것이다.

'인간이란 무엇인가?'를 설명하면…

인간은 과학으로 설명된다. 정신에 대해서는 심리학, 정신의학, 뇌 과학으로 분석할 수 있으며, 신체에 대해서는 일반의학과 생물학으로 설명할 수 있다. 어쨌든, 인간이란 무엇인가라는 물음에 대해서는 컴퓨터로 분석할 수 있는 객관적인 설명이면 충분하다. 그럼 살아있는 자신은 누구인가라는 의문을 가질 이유가 없지 않을까?
야스퍼스의 철학으로 이 사람에게 조언해 준다면?

 사고방식의 힌트!

외적으로만 인간을 분석하고 있다. 실존의 '나'라는 방향에서의 관점을 놓치고 있지는 않은가?

 ## 실존 분석으로 인간을 알 수 있다

야스퍼스는 인간은 객체화·대상화되는 존재가 아니라고 했다. 책상, 의자 같은 사물이 아니라는 것이다. **외적으로 설명될 수 있는 것이 아니라, 바로 자기 자신=실존이다.** 이 관점이 빠지면 인간은 로봇과 다름없어진다. 야스퍼스는 '관찰하는 자아와 관찰되는 대상'이라는 근대적 합리주의 관점을 비판했다. 이는 인간을 외적으로 관찰한 표본처럼 여겼기 때문이다. 과학은 인간을 대상으로 분석하지만, 인간이 느끼는 것을 설명하지는 않는다. 자신을 이해하는 유일한 존재는 자신뿐이다.

사르트르

Jean-Paul Sartre
실존주의

인간은 자신을 창조하는 존재이다

| 국가 프랑스 | 사상 사물과 의지, 자유와 책임 | 1905~1980 |

저서 《존재와 무》, 《변증법적 이성 비판》 등

실존은 본질을 앞선다

⊙ 돌멩이와 나는 무엇이 다른가?

프랑스 철학자 사르트르는 현상학을 독자적으로 발전시켰다. 그는 세상의 존재를 **즉자**即自와 **대자**對自로 구분한다. 즉자는 의식 없는 존재이며 대자는 의식을 가진 존재이다.

컵과 같은 사물들은 단지 그 자체로만 존재하며 아무것도 느끼지 않는다(즉자 존재). 의식 없는 존재들이 우주를 조용히 떠도는 세계가 있다고 해도 이상하지는 않을 것 같다.

인간은 의식을 가지고 있다(대자 존재). '인간이 컵이나 돌멩이처럼 의식 없는 존재라면 어떨까?'를 상상해 보면, 의식하기 위해 무단히 애쓰는 인간이 무척 신기한 존재로 느껴진다.

의식하는 존재는 자신을 바라보는(반성하고 성찰하는) 존재를 의미한다. 자기를 가만히 바라보면 얼마간의 거리가 생기고,

스스로 자신을
만들어라!

아무리 쫓아도 결코 자기 자신이 되지 못한다. 이를 두고 사르
트르는 '인간의 내면에는 넘을 수 없는 균열이 있다'고 말했다.
스스로 계속 변하므로 **'무無의 균열'**이라고 한다. 시시각각 다른
존재가 되기 때문에 **인간은 현재의 자신을 부정하고 새로운 자
신을 향해 나아갈 수밖에 없다.**

　의식은 대상을 가진다. 그 자체로 존재하지 못하며 무엇에
대한 의식으로서만 존재한다. 결국 의식은 무無이다. 그래서 인
간은 **'자유로운 존재'**라고 사르트르는 말한다. 아무것도 아닌
무無이기에 무엇이든 될 수 있고, 현재를 극복하고 미래의 목
표를 향해 돌진할 수 있다.

　사르트르는 이를 **'실존은 본질에 앞선다'**고 표현했다. 칼과
같은 사물(즉자 존재)은 먼저 본질(자르고 베는 도구)을 정한 후에

만들어졌다(실존한다). 그러나 인간(대자 존재)은 먼저 이 세상에 던져진(실존한) 후, 스스로 자신의 본질을 창조한다. 그런 의미에서 인간은 한없이 자유로운 존재이다.

⊙ 사회참여는 중요하다

사르트르는 인간이 자신의 행위를 **투기**投企(=기투企投: 현재를 초월하여 미래로 자신을 내던지는 실존의 존재 방식)해야 한다고 생각했다. 예를 들어, 한 명의 이성과 결혼하는 사람은 일부일처제를 긍정하는 것이다. 이는 전 인류를 일부일처제로 끌어당기는 셈이다. 예가 조금 과장되었을지는 모르지만, 인간의 우연한 행위는 조금씩 세상에 영향을 미친다. 쓰레기 투기, 무단횡단, 새치기, 불법주정차 등 기초 질서를 위반하는 행위가 다른 사람들에게 조금씩 영향을 미치는 것은 확실하다(선거에 참여하지 않는 행위는 더 큰 영향을 미칠 것이다).

이처럼 인간이 행위를 한다는 것은 그 행위에 '자신을 구속하고 투입하는 것'인 동시에, '전 인류를 구속하고 연루되게 하는 것'이다. 결국 '자기를 선택한다'는 '전 인류를 선택한다'는 것으로 우리의 모든 행위가 **'사회참여(앙가주망Engagement)'**이다.

그러나 인간의 행위는 그 즉시 타인의 음미와 비판에 노출된다(시선에 노출된다). 사르트르는 이를 두려워하면 안 된다고 말한다. 인간관계 속에서 스스로 결단을 내리고 자신의 행위를 선택하며 살아야 한다. 인간의 자유와 실존을 찾으려고 한 사르트르는 마르크스주의를 지지했다.

성과를 내지 못한 것은 회사 때문이다

나는 환경에 지배당하며 살고 있다. 회사에 출근하는 데만 2시간 반이 걸린다. 회사에 도착하자마자 피곤이 엄습한다. 이런 상태로 업무 능률이 오를 리가 없지. 게다가 상사, 부하 직원 복도 없고, 제품 품질이나 브랜드 인지도도 별로이다. 이런 환경에서 어떻게 성과를 내란 말인가! 사르트르의 철학으로 이 사람에게 조언해 준다면?

 사고방식의 힌트!

모든 것을 환경 탓으로 돌리지 말고, 자신이 선택하고 자신이 책임진다는 관점을 가질 필요가 있다.

 ## 자신의 미래는 자신이 만든다

사르트르에 따르면, 인간은 기존의 사회 위에 역사를 구축해 간다. 그 역사를 만드는 것은 선행조건이 아니라 어디까지나 인간이다. 개인이 역사의 소용돌이에 휘말리는 것은 많은 사람이 참여하고 있기 때문이다. 사르트르는 **자신도 집단에 속해 있고, 미래 사회를 창조하는 주체임을 자각해야 한다**고 강조했다. 개인의 행위와 사회의 관계는 '만들어지면서 만든다'이다. 그러니 환경을 탓하지 말고, 사회참여(앙가주망)를 해나갈 필요가 있다.

메를로퐁티

Maurice Merleau-Ponty

현상학

> ## 신체에도 철학이 있다

국가 프랑스	사상 신체론	1908~1961

저서 《지각의 현상학》,《의미와 무의미》 등

접촉을 통해 존재를 이해할 수 있다

⊙ 나는 어떻게 타인의 감각을 알 수 있을까?

철학의 세계에서는 '타인이 어떻게 내가 먹고 있는 라면의 맛을 똑같이 알 수 있는가?'라는 사소한 의문도 화두가 된다. 나는 타인이 될 수 없고, 타인은 내가 될 수 없다. 그러니 나의 라면 맛은 '나만의 것'이라는 결론에 이른다.

감정을 이입하면 알 수 있다고들 하지만, 이는 어디까지나 자신의 경험으로 타인의 입맛을 추측한 것이다(타인의 라면 맛을 자신의 라면 맛으로 짐작한다).

이를테면, **자신의 주관이 타인에게 이동한 것에 지나지 않고, 이는 자신의 복사본이 타자로 외부에 존재**하는 것일 뿐이다. 이 세계에 실재하는 것은 자신뿐이며 그 외의 모든 것은 자신의 관념이거나 현상에 불과하다(독아론獨我論, 유아론唯我論).

이 세상에 자기만 존재한다니 왠지 무서운 이야기로 들릴 수도 있다. 무서움을 잠시 접어두고, 타인의 감정을 실제처럼 느낄 수 있는지에 관해 좀 더 생각해 보자. 철학에서는 이를 '**타자 문제**'라고 한다.

메를로퐁티는 타자 문제에 대한 하나의 해결책을 제시한다. 살아 있는 내가 지각하는 그대로의 현실 세계를 '**현상의 장**'이 라고 한다. 그리고 현상의 장에서 살아가는 주체는 '몸'이다. 인간에게 몸이 있는 것은 당연하다. 메를로퐁티는 그 당연함 을 철학 사상으로 발전시켰다.

기존 철학이 정신에서 출발했다는 점을 감안하면, 확실히 획 기적이라 할 수 있다. 자신은 머리로 생각하는 정신적 존재라 고 주장해도, 확실히 몸이 없으면 자기 존재도 없다.

⊙ 세상을 신체에서 확산하는 공간으로 다시 파악하다

메를로퐁티에 따르면, '신체'는 구체적 자아의 눈에 보이는 표현이다. 데카르트(p.66 참조)처럼 몸과 마음을 분리하지 않는 것이 핵심이다. 물리적이고 등질적인 공간으로 세계를 보지 않고, 신체를 중심에 놓고 공간을 다시 파악했다.

신체에서 출발하면 정신과 물체로 분열되지 않는다. 신체와 세계는 분리할 수 없으며, 내면과 외면이 동전의 양면처럼 한 덩어리이다. 이로써 신체를 통해 타인과 같은 세계에 존재한다는 기반이 만들어진다.

메를로퐁티는 **자신의 '신체'에서 '주체와 대상의 상호침투'가 이루어진다**고 설명한다. 오른손으로 왼손을 만지면 오른손이 왼손이라는 대상에 접촉한 것이지만, 왼손이 오른손에 닿았다는 반전도 일어난다.

메를로퐁티는 사고를 더욱 확장하여 자신의 신체가 연관된 세계에서도 주체와 대상의 상호침투가 일어난다고 생각했다. 우리가 숲속을 거닐며 숨을 깊이 들이마실 때, '마치 나와 자연 세계가 서로 동화된 듯한 느낌'이 드는 것을 떠올려 보자.

우리는 서로의 구별을 넘어 상호침투하는 세계에 있다. 라면을 먹으면서 나와 옆의 친구는 분리된 존재인데, '어떻게 서로 같은 맛을 느낄 수 있지? 친구는 사실 나와 다른 맛을 느끼지 않을까?'라고 생각할 필요 없다. 그저 천천히 라면을 즐기면 된다.

연습문제

> 그 누구도 나에 대해 모른다

인간은 어차피 혼자다. 각자 다른, 분리된 존재일 뿐이다. 그러니 타인에게 잔인한 짓을 하는 범죄자가 출현하는 것이다. 타인의 고통을 느낄 수 없기 때문에 서로 이해하지 못하는 것도 당연하다. 인간은 밀실에 혼자 틀어박힌 존재와 다름없다.
메를로퐁티의 철학으로 이 사람에게 조언해 준다면?

 사고방식의 힌트!

서로 이해하지 못한다고 느끼는 것 자체가 타인과 교류하고 있는 것이다. 어딘가에서 연결고리가 있기 때문은 아닐까?

 상호침투의 세계이므로 서로를 알 수 있다

우리는 이 세상에 신체로 존재한다. 다양한 사건들은 자신의 신체에 의미가 있다. **의미의 발현을 잘 관찰하면 상호관계가 있음**을 알 수 있다. 세계가 신체라는 주체(각자의 자신)에 함께 침투하고 있다. 인간은 모두 신체가 있으므로 타인과도 신체를 통해 연결된다. 타인의 마음이 전해지고 자신의 마음도 전해진다. 그러니 자기만의 세계에 갇혀 있을 필요 없다. 모든 사람은 신체라는 공통의 토대로 연결되어 있다.

레비나스

Emmanuel Lévinas

현상학

> 고통받는 타인의 얼굴이 나에게
> '죽이지 말라'는 메시지를 보낸다

| 국가 | 프랑스 | | 사상 | 얼굴, 타자 | 1906~1995 |

저서 《전체성과 무한》, 《시간과 타자》 등

타인은 내 뜻대로 되지 않는 법이다

⊙ 역시 타인을 전혀 이해하지 못한다

프랑스에서 활동한 유대계 철학자 레비나스는 제2차 세계대전에 참전하였으나 독일군에게 포로로 잡혀 수용소 생활을 했고, 가족들은 나치에게 몰살당했다. 홀로 살아남은 그는 '타자'와 '살인'에 대한 깊은 고찰을 통해 독자적 철학을 확립한다.

레비나스 사상은 복잡하고 이해하기 어렵다는 평을 받곤 한다. **하이데거와 다른 존재론**을 전개했으나, 두 사람의 '존재' 철학 모두 매우 어렵다. 일부를 소개해 보면 다음과 같다.

"동물이 '나'를 자각하는지에 의문이 든다. 동물은 '나'라는 자각이 없고 단지 '있다'일 것이다. 인간은 동물처럼 단지 '있다'뿐만 아니라, '나'라는 존재가 '있다'고 생각한다. 그렇다면 '나'는 무엇일까?"

　수많은 철학자가 오랫동안 '나'에 관해 사유했다. 레비나스는 먼저 **'존재(일리야**[Ilya]**=○○가 있다)'**의 상태가 있다고 가정한다. '존재(일리야)'는 나도 타인도 없는 상태(익명성)로 '단지 존재한다'는 본연이다.

　그러다 '배고프다', '머리 아프네' 등의 생각을 하면서 비로소 '나'가 출현한다. 어둠 같은 '존재'가 있고 거기에서 '나'가 등장하는 것과 같다. 그래서 **인간은 '나는 존재한다'라기보다 '나는 존재하고 말았다', '나는 왜 존재하고 있지?'라며 이 세상에 강제로 밀려 나온 듯한 무력감을 느낀다.**

　'일리야에서 출현하는 나'라는 레비나스의 생각에 따르면, '나는 절대적으로 고독하다'로 귀결된다. 마치 '나'는 프라이팬 (존재)에서 튀어 나가 버린 버섯 같은 느낌이다.

⊙ 거기에 '얼굴'이 있다면?

그런 고독한 '나'와 **'타자'**가 만났다고 생각해보자. '타자'는 '나'와 절대 상호작용하지 않는 개체이다. 타자의 의식으로 들어갈 수 없으므로 타자는 이해 불능(초월적)의 존재이다. 여기서 등장하는 레비나스의 용어가 **'얼굴'**이다. 레비나스에 따르면, 타인을 마주한다는 것은 '얼굴'을 마주하는 것이다. 그의 저서에는 '얼굴'이란 용어가 빈번하게 등장한다.

보통의 사고방식으로는 '타자' 있고, 거기에 '타자의 얼굴'이 붙어 있을 것이다. 그런데 레비나스에 따르면, **먼저 '얼굴'과 직면하고 그 뒤에 타자의 존재를 느낀다. '타자'는 세상에 없지만(초월적 존재이므로), '얼굴'을 통해 다양한 정보를 알 수 있다.** '얼굴'은 '타자'의 표현이며 무언가를 호소해 온다. '타자'가 '나'를 만들고 있는 것이다(이는 앞서 언급한 배고플 때, 머리 아플 때 '나'가 출현하는 것과 같은 원리).

또한, '타자의 존재 자체가 윤리'이다. '타자'는 '나'의 뜻대로 되지 않고, '타자의 얼굴'은 '나'의 지배에 저항한다. '나'의 소유욕과 지배욕을 무력화하고 윤리적 행동을 끌어내는 **'윤리적 저항'**을 한다.

이에 대항하여 '타자'를 '나'의 영역에 끌어들이려고 힘을 행사하다가 극한으로 치달으면 살인으로 발전한다. 죽이면 '타자'는 더 이상 '타자'가 아니게 된다. 이것이 살인의 본질이다. 타자의 '얼굴'에는 **'살인하지 말라'**는 메시지가 있다. 그래서 전쟁 상황에서도 적군의 얼굴을 직접 보면서 죽이기는 어렵다.

연 습 문 제

> ### SNS는 편한데, 대면은 어렵다

나는 인스타그램, 페이스북, 트위터와 같은 SNS로 소통하는 것을 좋아한다. 직접 대면하지 않으니 부담이 없다. 오랫동안 DM을 주고받아온 사람과 만나기로 했다. 너무 긴장된다. 사회성에 문제가 있는 것일까? 레비나스의 철학으로 이 사람에게 조언해 준다면?

 사고방식의 힌트!

SNS상에서 데이터를 교환하는 것과 직접 대면하는 것의 결정적인 차이는 무엇일까?

 직접 만나면 '얼굴'이 호소한다

사람을 만나면 긴장하는 것이 철학적으로는 정상이다. 타자론은 후설, 사르트르, 메를로퐁티 등 수많은 철학자가 논의했다. 기본적으로 '나'와 '타자'는 별개의 존재이므로 '타자'의 세계가 직접적으로 전달되지 않는다는 데 철학적 문제가 있다.

레비나스의 철학에서는 **'타자'는 절대로 이해할 수 없는 존재지만, '얼굴'이 타자의 상징이 된다.** 정작 상대방의 얼굴을 보면, 말을 못 한다거나, 상처를 줄 수 없다는 것은 얼굴이 깊은 메시지를 담고 있기 때문이다. 직접 만나는 것은 중요하다.

알랭

Alain(Emile-Auguste Chartier)

도덕주의

> 행복해지려고 노력하지 않으면
> 행복해질 수 없다

| 국가 프랑스 | 사상 복지, 판단의 자유 | 1868~1951 |

저서 《행복론》, 《교육론》 등

의무적으로 최상의 좋은 기분을 만든다

⊙ 모든 사람은 위장 상태에 따라 기분이 달라진다

알랭의 《행복론》은 세상이 어수선하고 마음이 불안할 때 꼭 읽어야 하는 필독서로 수많은 사람에게 알려져 있다. 알랭은 파리 소재 학교에서 학생들을 가르치며, 200자 원고지 10매 정도의 단편 칼럼을 썼다. 《행복론》은 그의 칼럼들을 모아 출간한 책으로 감정과 정념에 휘둘리지 않는 다양한 방법이 수록되어 있다.

알랭에 따르면, 우리의 **기분은 항상 나쁘다**. 하지만 의지로 제어할 수 있다. 자기 스스로 맑음과 흐림을 만든다. 자신을 방치하면 기분이 언짢아지기 마련이다. 불쾌한 기분의 원인은 정신보다 신체적 변화에 우선하기 때문에, 신체를 지배하고 단련함으로써 마음을 제어할 수 있다고 강조했다.

비 오네.
정말 싫다~

비가 오니까,
머리가 맑아진다!

불행한 사람   행복한 사람

알랭은 우리에게 조언한다. "누군가 짜증 내고 불평한다면, 너무 오래 서 있었기 때문일 수 있다. 그럴 때는 그 사람에게 의자를 내어 주라."

배가 너무 고프면 결핍감이 느껴지고, 짜증 나며 불만스러워진다. 그러다 맛있는 음식을 먹고 포만감을 느끼면 마음에 여유가 찾아오고 만족스러워진다. 용변이 급하면 다급하고 초조하지만, 화장실을 찾고 해결한 순간 만족감과 편안함이 느껴진다. 병에 걸려 몸이 아프면 기분이 가라앉고 우울해지지만, 다음 날 증세가 호전되면 개운하고 가벼운 기분이 든다.

이처럼 우리의 **행복과 불행을 가르는 데는 거창한 이유가 있다기보다, 신체적인 원인 때문일 때가 많다**. 건강한 신체와 평온한 마음을 유지하려고 노력하면, 대부분의 우울은 사라진다.

⊙ 만족스러운 기분으로 있는 것

알랭은 싫은 사람을 만났다면 먼저 미소를 지어주라 말한다. 상냥함, 친절함, 쾌활함, 인사, 미소가 중요하다. 삶의 비결은 내가 한 결심이나 내가 종사하고 있는 직업에 대해서 결코 '나 자신과 싸우지 않는 것', '싸우지 않고 잘하는 것'이다.

알랭은 **대다수 사람이 행복하기를 원하면서, 행복을 달성하기 위해 노력할 의지는 부족하다**고 지적하며, 다음과 같이 말한다.

"불만족하고 불행해지기는 쉽다. 왕자님처럼 가만히 앉아서 남이 즐겁게 해 주기를 기다리기만 하면 된다."

거저 얻어진 즐거움에는 곧 싫증 나기 마련이다. 인간은 자력으로 획득한 즐거움을 훨씬 더 좋아한다. 무엇보다 인간은 행동하고 정복하는 것을 선호한다. 싫음을 참기보다 자진해서 행하는 것이 행복의 토대가 된다. 그런 맥락에서 보면, 너무 평탄한 길을 가기보다 어느 정도 고난이 있는 것이 더 낫다.

알랭은 **'최상의 기분 좋음'**을 최우선 순위에 두라고 강조한다. '온화한 미소 짓기, 상냥하게 말하기, 감사함을 표현하기, 냉담한 바보에게도 친절 베풀기' 등을 실천하다 보면 좋은 기분의 물결이 주변에 퍼지게 된다. 비가 오면 젖어서 싫다고 불평하기보다 세상이 씻겨서 상쾌하다고 생각하는 것이다.

물론, 긍정적인 생각을 유지하기란 꽤 어렵다. 행복해지기 위해서는 수행이 필요하다. 행복해지고 싶으면 행복해지기 위해 노력해야 함을 알랭은 강조한다.

연습문제

> 아아! 기분 나빠! 정말 최악이야!!

나는 왜 이렇게 불행하지? 하는 일마다 꼬이고 제대로 되는 게 하나도 없다. 그래서 늘 짜증이 난다. 찌푸린 얼굴로 하루하루 그저 참아낼 뿐이다. 이런 세상에서 행복해지기는 틀렸다. 일도 재미없고, 술이 유일한 위로일 뿐. 복권이라도 당첨되면 좋겠다.
알랭의 철학으로 이 사람에게 조언해 준다면?

 사고방식의 힌트!
불행하다고 불평하다 보면 기분이 나빠지고, 점점 더 불행에 빠지게 된다.

 행복은 당신의 의무

행복은 애인이 생기거나 복권 당첨 등 외부에서 주어진다고 생각하기 쉽다. 알랭에 따르면, 인간은 노력하지 않으면 불행해진다. **당신은 행복할 의무가 있으니 반드시 행복해야 한다.** 그러기 위해서 알랭이 권하는 '불평하지 않고 타인에게 친절하기', '밝게 웃기' 등 '최상의 기분 좋음'을 실천하자. 인사와 미소는 파도처럼 주변에 영향을 미치고 다른 사람을 행복하게 한다. 알랭은 '내가 행복해지는 것은 타인에 대한 의무이기도 하다'고 강조했다.

Q_ 철학이 무슨 도움이 될까?

A_ 철학은 개인적으로나 역사적으로나 여러모로 유용한 학문이다. 개인적으로는 논리 구성, 생각 정리, 유연한 발상력 발휘, 문제 해결 등에 도움이 된다. 이는 건강보조제와 같아서 즉시 효과를 체감하지 못할 때도 있다.

역사적으로는 철학자의 이론에서 영감을 받은 학자가 대발견을 하기도 하고, 사회운동가가 대혁명을 일으키기도 한다. 물론, 인류에게 유익하지 못하고 더 나쁘게 만든 부작용도 있었다. 철학자가 세상을 떠난 후에 그의 사상이 명성을 얻는 경우가 많기 때문에, 자신의 철학이 발휘할 영향력을 생전에는 미처 알지 못했을 것이다.

이렇듯 철학은 굉장히 유용하면서도 동시에 위험하므로 취급에 주의가 필요하다.

Chapter 4

현대②~구조주의, 포스트모더니즘, 분석철학

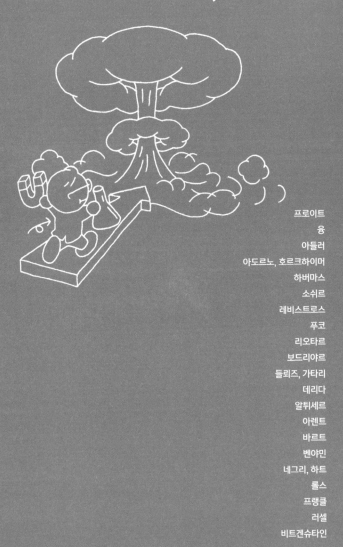

프로이트

Sigmund Freud
정신분석학

> 무의식에 있는 트라우마를
> 자각하면 증상이 사라진다

| 국가 | 오스트리아 | 사상 | 무의식, 리비도 | 1856~1939 |

저서 《꿈의 해석》,《정신 분석학 입문》 등

무의식 속에 무언가가 있다

⊙ 보이지 않는 마음의 체계를 발견하라

우리는 '무의식중에'라는 표현을 자주 사용한다. 프로이트는 이 **무의식**을 발견한 사람이다. 정신과 의사로 히스테리 환자들을 치료하던 중, 그들의 의식 이면에는 예외 없이 성적 트라우마가 응축되어 있음을 발견하였다. 응어리진 기억을 망각에서 깨워 현재顯在의식에 확실히 떠오르게 하면, 자각하게 되면서 증상이 사라지는 것을 확인했다.

신경증 환자 역시 무의식 영역에 **억압**이 있으며, 이를 해방하면 증상이 소실되었다. 의식되지 않았던 원인을 의식하면 결과를 통제할 수 있음을 알게 된 것이다.

파이프가 막혀 있으면 예상치 못한 곳에서 오수가 누출된다. 프로이트는 마음속의 막힌 부분을 청소함으로써 정신 질환을

치료하고자 했다. 또한, 불편한 기억이 정신의 심층에 갇히게 되는 이유가 무엇인지 의문이 생겼다. 그렇게 성적 욕망과 관련된 경험이 주된 이유라는 것을 발견한다.

어떤 경험이 성적으로 불쾌한 형태로 저지되면, 정신을 방어하기 위해 자동으로 안전장치가 작동하여 그 경험을 기억 저편으로 쫓아 버린다. 일종의 정신 보안 시스템이라고 할 수 있다.

⊙ **마음의 메커니즘을 명확히 하다**

프로이트는 불쾌하고 변칙적인 경험을 무의식의 탱크에 집어넣는 것을 억압이라고 했다. 인간의 정신은 빙산과 같아서 의식의 수면 위에 드러난 것은 일부에 지나지 않고, 대부분은 수면 아래 있는 무의식의 영역에 숨겨져 있다.

무의식 영역에는 다양한 욕동^{慾動}(본능적 충동)과 감정을 지닌 정보들이 억압되어 있고, 이것들은 화산 폭발처럼 튀어나오려고 한다.

무의식은 **이드**^{Id, 독일어로 에스Es}**(원초아)**의 영역이며, 신체 영역으로부터 본능적 에너지가 흘러 들어온다. 이 에너지를 **리비도**^{Libido}라고 한다. 리비도가 의식을 향하는 과정에서 관념이 부여되며 원망^{願望}(마음속 긴장을 해소하려는 경향)이 된다. 원망은 실현될 수 없으므로 리비도는 억압되고 변형된다.

부모의 훈육에서 비롯되는 도덕적 양심을 **슈퍼에고**^{Super-Ego}**(초자아)**라고 하며, 금지 및 이상 추구 역할을 담당한다. 이드와 슈퍼에고 사이에서 이들과 외부 세계를 중개하는 역할을 담당하는 영역이 **에고**^{Ego}**(자아)**이다.

마음의 에너지가 파이프를 통해 무사히 출구에 도달하면 마음이 충족된다. 그런데 출구에 도달하기 전에 파이프가 조여지는 경우가 발생하는데, 이는 슈퍼에고에 의한 것이다. '그렇게 하면 안 돼! 이렇게 해야 해!'라는 통제로 인해 원하는 대로 욕구를 충족할 수 없게 된다. 그 결과, 에너지가 역류하고 파이프가 파괴된다. 이것이 신경증 발병 원인이다. 본래의 형태로 채워지지 못한 욕구는 억압·왜곡되어 본인도 이해할 수 없는 행위로 나타나며, 몹시 괴로워하게 된다.

이러한 상황을 방지하고자 리비도 에너지(하고 싶다)와 슈퍼에고(안 된다)를 조정하는 것이 에고의 작용이다. 결국 마음의 움직임 정도를 조절하는 것이 중요하다.

> 외출할 때마다 혹시 잊은 게 없는지 불안하다

집을 나설 때마다 혹시 잊은 게 없는지 자꾸 생각하게 된다. 현관문 잠 갔나? 가스 불은 확실히 껐나? 가끔은 불안해서 다시 돌아오기도 한다. 돌아와서 확인해보면 현관문과 가스는 잘 잠근 것이 맞다. 게다가 지갑 이나 안경을 잃어버리거나, 펜이 사라지거나, 중요한 문서를 분실할 때 가 있다. 나는 정말 왜 이럴까?
프로이트의 관점에서 보면 이 사람은 심리적으로 어떤 상태일까?

 사고방식의 힌트!
쾌락 원칙을 따르는 무의식이 현재 의식을 조작하고 있을 가능성이 있다.

 마음 깊은 곳에서 무엇인가 저항하고 있다

문을 잠그지 않은 것 같아서 다시 돌아가는 행위는 학교나 직 장을 다니는 것, 혹은 집을 떠나는 것에 대해서 무의식적으로 고통을 느끼기 때문일 수 있다. 또한, 지갑, 안경, 문서 등에 대 한 불쾌한 연상이 수반되어 분실로 이어지는 것일 수 있다.
쾌락 원칙을 따르는 무의식은 불쾌하고 싫은 것을 저지하고자 표면 의식을 조작한다. '잃어버렸으니 어쩔 수 없지'라는 핑계를 대 며 고통에서 벗어나려는 것이다. 이런 문제들은 자신을 분석 하고 의식적으로 행동하면 해결될 수도 있다.

융

Carl Gustav Jung
분석심리학

> 모든 사람의 마음에는
> 집단 무의식이 존재한다

| 국가 스위스 | 사상 집단 무의식, 원형 | 1875~1961 |

저서 《자아와 무의식》, 《원형론》 등

인류에게는 공통된 원형이 있다

⊙ 프로이트 이론과 결별하다

융은 스위스 정신의학자이자 심리학자이다. 한때, 프로이트의 제자였으나, 정신적 에너지를 모두 성욕 충동으로 환원하는 스승의 입장을 부정하고 결별을 선언했다. 인간이란 존재가 단지 과거의 왜곡된 성적 에너지에 의해 결정될 만큼 단순하지 않다고 생각한 것이다.

융은 모든 충동이 처음에는 하나였다고 강조한다. **리비도는 프로이트가 말하는 성적인 의미에 국한되지 않고 다양한 형태로 분출하는 중립적 에너지이다.** 꿈의 해석에서도 프로이트와 다른 견해를 가졌다. 융에 따르면, 꿈은 무의식의 속삭임이며 마음이 알지 못하는 지혜를 가르쳐 준다.

융은 복잡한 감정 반응을 **콤플렉스**라고 정의했다. 아버지에

대한 적대감, 아버지를 넘어서고 싶은 마음은 **아버지 콤플렉스**이며, 남성의 경우 스승이나 상사 같은 윗사람에 대한 반항적 태도로 나타날 수 있다. 여성의 경우, 나이가 많은 남성에 대한 연애 감정으로 이어지기도 한다. 반면, **어머니 콤플렉스**가 있는 사람은 친절한 여성을 추종하거나 과도한 어리광을 부린다. '사랑받고 싶은 마음'과 '왜 더 사랑해주지 않는가?'라는 원망, '버림받았다'는 실망감을 가질 수 있다.

　메시아 콤플렉스는 타인을 도움으로써 자신의 존재를 확인하거나 우위에 서려는 감정적 반응이다. 진심으로 상대를 위하는 마음에서 우러난 행동이 아니므로, 오히려 성가시다는 인상을 줄 수 있다. **카인 콤플렉스**는 형제자매간의 경쟁심과 질투라는 감정적 반응이다.

⊙ 조상의 기억이 무의식 속에 있다?

융은 개인적 경험뿐 아니라 조상의 경험도 무의식에 포함되어 있다고 생각했다. 출신 국가와 문화권이 다른 사람이 똑같이 뱀의 환각을 보는 경우(알코올 중독 등의 이유로)가 있었다. 이는 조상이 경험한 사건이 응축되어 유전되었을 것으로 생각했다.

융은 신화가 객관적인 사건이 아니라, 내면의 인격으로부터 송출되는 계시의 상징이라고 여겼다. 말하자면, 무의식의 드라마가 신화로 표현되는 셈이다. 그는 모든 인간에게는 시대, 민족, 개인적 경험을 초월한 인류 공통의 **집합적 무의식(또는 보편적 무의식)**이 존재하며, 이것이 정신 활동의 근간이 된다고 생각했다.

이러한 집단 무의식 이론을 주장한 융은 무의식 연구에서 신화와 종교 연구로 이동했고, 신화에 대해 프로이트와 크게 다른 해석을 내놓았다.

프로이트는 오이디푸스 콤플렉스의 개념을 바탕으로 원시 시대의 아버지와 아들 사이의 투쟁을 공상하고, 이를 방지하는 수단으로 금기와 종교가 탄생했다고 설명한다. 반면, 융은 신화와 종교는 원시인들이 이해하기 어려운 것을 이해하기 위한 방법이었다고 주장한다.

융은 신경증 환자의 발병 원인이 환경 부적응과 관련 있다고 보았다. 환자에게 단순히 과거의 정신적 외상을 자각시키는 선에서 치료를 그치면(프로이트가 그랬던 것처럼) 안 되고, 환자를 현실에 적응시키려는 노력이 필요하다고 주장했다.

이 꿈의 의미는 도대체 무엇일까?

나는 꿈을 해석할 수 있다. 한 친구가 사과 껍질을 깎고 있는데, 안에서 뱀이 나오는 꿈을 꿨다고 했다. 나는 프로이트 성욕 이론에 따라, 사과는 여성, 뱀은 남성이며, 정신분석학적으로 남자와의 성적 문제를 겪고 있다고 해석해 주었다. 그랬더니 친구가 화를 내며 가버렸다.
융이 주장한 꿈의 해석으로 보면 이 사람은 무엇을 잘못한 것일까?

 사고방식의 힌트!

신경증, 꿈 등 마음에서 일어나는 다양한 문제의 근원에 반드시 성적 욕구가 관련되어 있다는 프로이트의 생각에서 벗어나 보면?

 꿈을 함부로 해석하면 위험할 수 있다

융에 따르면, 인간의 무의식 속에는 보편적으로 인류 고유의 '원형'이 존재한다. 예를 들면, '그림자'는 악, '아니마(Anima)'는 남성의 마음속에 있는 여성상, '태모'는 상냥하면서도 무서운 어머니 이미지이며, 이것이 신화로 표현된다. 꿈의 해석에 있어 융은 프로이트와 견해가 다르다. 사과와 뱀 꿈의 경우, 사과 껍질은 표면으로 드러난 페르소나(인격)의 상징이고, 사과와 뱀은 성경 속 아담과 이브의 이야기를 의미한다. 꿈의 해석은 정신분석에서 중요하지만, 무조건 성욕 이론과 연결하면 상대가 음담패설로 느낄 수도 있으니 조심해야 한다.

아들러

Alfred Adler

열등감의 심리학(개인심리학)

> ## 인간관계가 모든 고민의 원인이다

| 국가 오스트리아 | 사상 열등감, 우월 추구 | 1870~1937 |

저서 《삶의 의미》,《개인 심리학의 이론과 연구》등

인생을 바꾸는 역전의 심리학

⊙ 과거의 트라우마는 상관없어!

아들러는 프로이트(p.174 참조)와 우호적 관계였으나, 인간의 모든 행위는 성적 욕구에서 비롯되며 성적 욕구의 억압이라는 생물학적 사실로 환원된다는 범성욕설에 이의를 제기하며 결별하였다. 아들러가 프로이트와 어떤 반대 이론을 펼쳤는지 살펴보면 아들러의 이론을 쉽게 이해할 수 있다.

프로이트는 억압의 대상이 되는 성 충동과 그 에너지인 리비도에 중점을 두었고, 슈퍼에고에 의해 억압이 생긴다고 주장했다. 반면, 아들러는 '에고'에 주목했으며, **자아 충동은 자기 보존의 충동**이라고 생각했다.

자아 충동을 니체의 '힘에 대한 의지'(p.140 참조)에서 비롯된 **권력 충동**으로 파악한 것이다. 니체는 인간에게 타자를 넘어서

더 높은 가치를 창출하고 싶은 '힘에 대한 의지'가 있다고 생각했다. 아들러 역시 그러한 힘이 모든 인간 행동의 이면에 존재하며, 이는 성 충동보다 더 근원적이라고 생각했다.

프로이트는 심적 에너지가 과거 경험 때문에 마음 깊은 곳에 정체된다고 주장하며 과거를 중시했다. 반면, 아들러는 **인간의 의식은 권력 충동에 의해 움직인다고 보았고, 과거보다 미래를 중시했다**. 인간의 의식 활동은 과거의 심적 외상에 의해 제한되는 것이 아니라 미래의 목표에 따라 결정된다고 본 것이다.

⊙ **열등감을 발판으로 삼아 크게 비상하자!**

프로이트는 어린 시절의 경험을 바탕으로 성인이 된 현재를 설명했다. 물론 성인이 된 후에도 어릴 때 경험한 트라우마에

사로잡혀 있는 사례는 분명히 있다. 다만, 아들러는 긍정적 사고에 기인한 정신생활이 미래를 위한 준비라고 주장한다. 예를 들어, 아이가 거짓말을 했을 때, 거짓말이 과거의 어떤 경험에 기인하는지를 찾기보다, 무엇을 위한 거짓말인지 미래와 목적을 염두에 두고 생각했다.

니체의 힘에 대한 의지대로 모든 사람이 우월 의지에 이끌려 행동한다면, 가장 고통스러운 결과는 **열등감**이다. 자신이 다른 사람들보다 못하다는 생각은 분명 심각한 고민이다.

아들러에 따르면, 우월 의지와 열등감은 한 가지 경향의 두 가지 측면이므로 신경증의 본질은 열등감으로부터의 도피라는 결론에 도달한다. 사람들이 신경증에 걸리는 이유는 무엇인가? 신경증은 열등감을 사회적, 현실적 방법으로 극복할 수 없을 때 발병한다. 즉, **신경증은 열등감을 극복하지 못하고, 자신의 행위에 대해 불합리한 변명을 하거나, 자신이 뛰어난 존재라고 공상하는 병증이다.**

아들러는 범죄의 심리적 원인도 열등감에서 기인한다고 보았다. 범죄의 종류는 다양하지만, 타인의 재산, 신체, 명예를 빼앗는다는 공통점이 있다. 범죄는 가장 쉬운 방법으로 열등감을 극복하고 자신을 높게 보이려는 경향을 가지기 때문에 일종의 병증이다. 따라서 아들러는 환자가 성장한 가정 환경도 분석하면서 그 사람의 성격이 형성된 조건에 대해 자각하도록 했다. 동시에 삶의 목표를 적극적으로 제시하고 그것을 가르쳐 주는 방식을 취했다.

> ## 열등감에 시달리고 있다

나는 영어에 열등감이 있다. 영어에 대한 극도의 두려움 때문에 외국인
이 영어로 길을 물어오면, 말문이 막힐 뿐만 아니라 몸이 덜덜 떨린다.
'외국에 나가지 않는 한 영어를 쓸 일도 없고, 사는 데 지장 없으니 괜찮
다'고 스스로 타이른다. 최근에는 정도가 심해져 해외 드라마나 영화도
더빙으로만 보며 가능한 한 영어를 접촉하지 않고 있다.
아들러 심리학으로 분석하면 이 사람은 어떻게 해야 할까?

 사고방식의 힌트!

열등감을 가진 채 사는 것은 고통스럽기 때문에 도망치는 것이 아닐까?

 ## 열등감이야말로 성장의 힘이다

아테네의 데모스테네스(B.C.384~B.C.322?)는 대중 앞에 나서서
연설하는 것이 서툴렀으나 이를 극복하고 대웅변가가 되었다.
짐 애벗은 선천적으로 오른손이 없었다. 하지만 장애를 극복
하고 메이저리그 투수가 되었다. 아들러에 따르면, **인간에게는
신체적·정신적 결함을 어떤 식으로든 극복하려는 의식적·무의식적
작용(보상)이 있다.** 영어에 대한 열등감을 영어 공부로 극복하
도록 활용하는 것이다. 아들러의 사상은 다양한 영역에 응용
할 수 있으므로, 열등감을 느낄 때마다 활용해 보자.

아도르노, 호르크하이머

Theodor W.Adorno | Max Horkheimer

프랑크푸르트학파

> 인류는 어째서 새로운 야만을
> 향해 가는가?

		아도르노	1903~1969
국가 독일	사상 도구적 이성	호르크하이머	1895~1973

저서 《계몽의 변증법》(공저)

인류의 미래는 과연 밝은가?

⊙ 히틀러는 어떻게 출현하게 되었는가

프랑크푸르트학파는 유대계 지식인이 다수 소속되어 전후 독일 사상계를 주도한 단체이다. 비판적 이론과 근대 문명 비판을 특징으로 하고 있으나 일반인들이 이해하기에는 다소 어려운 부분이 있다. 그도 그럴 것이 **프랑크푸르트학파의 사상은 나치를 향한 비판에서 시작되어 현대 사회 자체에 대한 비판으로 확장된다.**

제2차 세계대전 이후, 1958년 독일에서 프랑크푸르트 사회 연구소가 재건된다. 이때 소장으로 취임한 사람이 아도르노이다. 아도르노는 자신의 저서 《부정변증법》에서 나치와 나치에 협력한 하이데거의 철학을 비판했다.

이성에 의한 근대화는 **신화적 마술**(아직 과학이 발달하지 않았을

때 믿었던 것)로부터 세계를 해방하고 자유로운 문명사회를 건설할 것이라 여겨졌다. **본래 이성은 정의, 평등, 행복, 관용 등 인간 사회의 선이란 무엇인가를 묻는 능력이었다.** 그런데 어째서인지 이성이 있어야 할 인간들이 신화시대로 돌아가 잔혹한 행동을 다시 일삼기 시작한다. 대표적인 사례가 바로 히틀러와 나치의 유대인 학살이며, 현대사회 역시 비판을 면할 수는 없다.

⊙ **다음에 올 야만이 더 우려된다**

아도르노와 호르크하이머는 '인류는 왜 진정한 인간다움의 상태로 나아가는 대신, 일종의 새로운 야만적인 상태로 빠져드는가?'라고 묻는다.

아도르노와 호르크하이머의 비판에 따르면, 이성은 세상을 과학과 기술이 통용되는 산업 사회로 발전시켰지만, 궁극에는 인간과 자연을 통제하고 관리하는 효율적인 도구로 전락했다. 이러한 이성을 **'도구적 이성'**이라고 한다. 좋든 나쁘든 간에, 목적을 효율적이고 합리적으로 실현하기 위해 형식적이고 기술적인 '도구'로 전락한 이성은 '도구적 이성'이다.

산업이 발달함에 따라, 도구적 이성은 효율적으로 목적을 실현하는 수단만을 추구하게 되었고, 인간 자신도 도구적 존재로 취급하게 된다. 프랑크푸르트학파의 주장에 따르면, **이성의 도구화는 이성 자체의 붕괴이다. 한층 더 인생의 가치에 대해 사고하는 본연의 이성(비판적 이성)을 복권해야 한다.**

정리하면, 이성의 힘으로 야만적 상태에서 벗어나 미래를 향해 잘 나아가고 있었는데, 그 이성이 돌연 이빨을 드러내며 거꾸로 인류를 지배하기 시작했다는 무서운 이야기이다.

현대에는 과학이 더욱 발달하여, 우선 목적을 달성하기 위해 합리적인 사고를 사용한다. 하지만 그것이 전체적으로 보면, 파멸로 치닫는 것이며 이는 결국 야만적 상태로의 복귀이다. **'야만→계몽→야만'의 변증법이 일어나는 것이다(부정변증법).**

우리의 일상은 과학의 힘으로 점점 편리해지고 있다. 하지만 아무런 가치관 없이 합리적 흐름만 따라가다 보면, 엉뚱한 곳에서 자신을 발견하게 될 수도 있다.

과연 우리 인류는 어디를 향하고 있는 것인가? 잠시 멈춰서서 생각해봐야 할 문제이다.

연습문제

일단 성과를 내라!

"여러분은 회사 지시대로 따르면 됩니다. 회사는 매뉴얼에 따라 합리적으로 운영됩니다. 제품이 소비자에게 미칠 영향에 대해 고민하지 마십시오. 잘 팔리는 제품이 회사와 소비자에게 좋은 제품입니다. 합리적인 원가 절감을 위해 유전자 변형 옥수수 수프를 바로 출시하십시오."
아도르노, 호르크하이머의 철학으로 보면, 이 지시는 무엇이 문제인가?

 사고방식의 힌트!
사물의 가치를 결정하는 이성이 어느새 기술의 이성으로 변모해 버렸다?

 신화의 시대에서 새로운 신화로

인간은 기술로 외적 자연을 통제하려고 노력해왔다. 가까운 예로 냉방기를 발명하여 더위를 극복하고 있다. 또한, 인간은 도덕으로 내적 자연을 통제하려고 노력해왔다. 욕망으로 과도하게 흐르면 억제하는 것이다. 본래 인간은 그러한 자기 통제(주체성)를 가지고 살아왔으나, 어느새 역전되어 통제할 수 없는 세상에 살고 있음을 깨달았다. 철학적으로 생각하지 않고 기술적 발전만 우선시하면 인류는 결국 파멸로 치닫게 된다. 우리의 가치관을 재고해야 할 시기가 온 것일지도 모른다.

하버마스

Jürgen Habermas
프랑크푸르트학파·공공철학

의사소통적 이성의 가능성

국가 독일　　　사상 공공성, 토론　　　　　　　　　　1929~

저서 《의사소통행위 이론》

의사소통으로 길을 열다

⊙ 논쟁에서 배우는 것

하버마스는 프랑크푸르트학파를 계승했으나, 아도르노를 포함한 스승들(1세대 프랑크푸르트학파)의 사상과 거리를 두었다. 아도르노와 동조자들은 '사회 전체가 잘못된 상황에서 개인이 올바른 삶의 방식을 선택할 수 없다'고 주장했다. 하버마스는 이에 동의하지 않았고, '진리로 충만한 사회'가 실현된다는 발상은 너무 협소하다며 비판했다.

하버마스에 따르면, 1세대 프랑크푸르트학파가 우려한 이성의 도구화(도구적 이성)는 이미 진행되었다. 그리고 인간은 이성의 의사소통화도 발전시키고 있다. 하버마스는 의사소통을 강조하며 사회 전체가 결국 올바른 과 나아갈 것이라고 주장했다.

하버마스가 중요하게 생각한 소통은 함께 의논하되, 결국 자신이 이기는 대화가 아니다. 상대가 납득한 후에, 승인을 구하는 것이며, 이를 위해 세 가지 원칙이 필요하다고 생각했다.

①참가자들은 동일한 자연 언어를 사용한다.

②사실로서 참이라고 믿는 것만을 서술하고 옹호한다.

③모든 당사자가 대등한 입장에서 참가한다.

이 원칙에 근거하면 올바른 의사소통이 가능하다는 것이다. 상대의 의견을 경청하지 않고 가로막으며 자신의 의견을 밀어붙이거나, 상대를 놀리는 몸짓과 빈정거리는 언어로 응수하면 안 된다.

논쟁에서 배우고, 배우기 위해 논쟁해야 한다. 또한, 무조건 상대방의 의견을 비판하며 자신의 주장을 관철하는 것이 아니라,

논쟁 상대에게서 무엇인가를 포착하려고 노력해야 한다. 이것이 상대방을 존중하고 상호 합의를 목표로 하는 태도이자, 앞서 말한 **의사소통적 이성**이다.

⊙ **토론의 규칙을 정한다**

주체 중심적 이성에서 의사소통적 이성으로의 전환에 의해 주체(자신)가 객체(사람, 사물, 사건 등)에 어떻게 관련되는지가 밝혀진다. 독선적 논의가 될지, 상호이해적 논의가 될지 결정되는 것이다.

하버마스는 의사소통적, 즉 서로를 인정하는 상호주관적 관계를 추구한다. 하버마스에 따르면, 인간의 행위는 자기 마음대로 지배하려는 **'성과 지향적 행위'**와 서로의 이해를 구하려는 **'상호이해 지향적 행위'**로 구분된다.

성과 지향적 행위란 자연과 사물에 대해서는 '도구적 행위'이며, 인간에 대해서는 '전략적 행위'이다. 성과 지향적 행위로의 의논은 상대의 트집을 잡아 시비를 걸고, 말로 꾀어 움직이려는 태도로 귀결된다. 어떻게든 상대를 이겨야 한다는 태도 때문에 양질의 토론을 할 수 없다.

따라서 '상호이해 지향적 행위'가 필요해진다. '상호이해 지향적 행위'에서 '토의'가 탄생한다. 토의는 참가자들과 자유롭고 평등한 조건에서 행해진다는 규칙이 있다. **토의를 통해 모두의 합의를 이루면, 그것이 진리가 된다.** 사람마다의 생각은 다르지만, 논의한다는 규칙 자체는 보편적이다.

연 습 문 제

의논은 다투는 것이 아니라고?

우리 회사는 의논하는 과정에서 늘 감정이 격해지고 싸움으로 이어지곤 한다. 부하 직원들의 의견은 묵살당하는 일이 다반사이다. 게다가 신입 사원인 나는 말 한마디 하기도 힘들다. 이런 회의를 도대체 왜 하는지 모르겠다. 결국 상사 뜻대로 결정할 거면서 회의라니 진저리난다. 하버마스의 철학으로 보면 이 회사의 문제는 무엇일까?

 사고방식의 힌트!

회의는 싸워 이기기 위해 하는 것이 아니라, 올바른 합의를 구하기 위해 하는 것이다.

 의논은 자기 의견을 밀어붙이는 것이 아니다

회의처럼 공론의 장에서 자신의 의견을 펌훼하면 화가 나기 마련이다. 자기 의견 관철이 회의의 목적이라고 생각하기 때문이다. 이는 처음부터 싸우려 드는 것과 다름없으며, 자신의 목적 달성을 추구하는 주체(나) 중심적 사고방식이라고 할 수 있다. 의논하면서 배운다는 태도로 진리의 합의를 구하는 '토의'를 하면, 서로를 인정하는 상호주관적 관계가 구축되므로 의미 있는 회의가 될 것이다. 자신이 부각되고 싶은 기분은 알겠지만, 회의는 전략적이 아닌 상호이해적으로 임하는 것이 좋다.

소쉬르

Ferdinand de Saussure

구조주의 언어학(구조주의)

> 언어가 존재하기 전에는
> 아무것도 존재하지 않는다

`국가` 스위스   `사상` 언어체계(랑그)   1857~1913

`저서` 《일반언어학 강의》(제자들이 강의를 편집 재구성)

언어가 세상을 나눈다

⊙ 사물이 먼저야? 말이 먼저야?

스위스 언어학자 소쉬르의 구조 언어학은 현대 사상에 큰 영향을 미쳤다. 소쉬르의 언어학에 따르면, 인간은 **'언어(랑그 Langue)라는 제도 속에서'** 사고하고 있다. 언어(랑그)라는 제도 속에서란, 각각의 국어 속에서라는 의미이다. 한국인은 한국어라는 제도 속에서, 프랑스인은 프랑스어라는 제도 속에서 사고하고 있다.

사고는 언어에 의해 제한되므로 사용하는 언어에 따라 다양한 제한이 발생한다. 한국어는 '나비'와 '나방'이라는 낱말이 있어서 둘을 구별할 수 있다. 프랑스어는 둘 다 '파피용Papillon'이므로 나비와 나방은 같다. 처음부터 분리된 것이 아니라 언어로 구별되는 것이다.

소쉬르 이전의 언어학에서는 먼저 대상이 존재하고, 그에 대응하는 낱말이 있다고 생각했다. 낱말은 대응하는 사물 목록이며 사물에 이름표를 붙이는 것이다. 예를 들어, 개라는 실체가 먼저 존재하고 그다음에 '개'라는 이름을 붙인다. 개와 '개'라는 명칭이 대응한다는 상식적인 선에서의 사고방식이었다.

소쉬르는 이를 뒤집고 **언어가 있기에 여러 가지를 구별할 수 있다**고 주장했다. 즉, 네 발과 꼬리가 있고 짖는 동물이 다양하게 존재해도, '개'라는 낱말만 있다면 모두 '개'이다. 그러나 개, 들개, 늑대라는 낱말 때문에 서로 구별되는 것이다.

⊙ 언어가 없으면 생각할 수도 없다

'무지개는 무슨 색이야?'라고 물으면 우리는 '일곱 가지 색'

이라고 대답한다. 이 질문을 미국인에게 하면 여섯 가지 색이라고 답한다. 또한, 우리는 안개비, 여우비, 이슬비, 가랑비, 장대비, 보슬비, 단비 등 다양한 표현으로 비를 구별하는데, 이 역시 한국어에 의해 구분된 것이다. 이누이트는 80개 이상의 낱말로 눈을 표현한다고 한다. 같은 대상이라도 낱말에 따라 세계가 구분되기 때문에, 각 나라의 언어에 따라 세계의 겉으로 드러난 모양이 달라진다. 이상하게 느껴질 수 있지만, **먼저 언어가 있고 그다음에 세계가 있다**는 의미이다. 이와 같이 언어에 의한 구별이 먼저이고, 그다음에 대상에 대한 분류와 인식이 발생하는 구조를 '**차이의 체계**'라고 한다.

소쉬르는 철학자가 아님에도 사상계에 큰 영향을 미친 이유는 바로 이 '차이'라는 언어관 때문이다. 소크라테스 이후, 기존 철학은 '사실(진리)'을 추구해 왔다. 하지만 **'사실'이 먼저 존재하는 것이 아니다. 언어에 따라 다양한 세계를 구분하는 방법이 다르기 때문에, 어떤 언어를 사용하느냐에 따라, '사실'이 다르다.** 먼저 낱말의 연결(관계)이 있고, 그다음에 '사실'의 범위가 정해진다.

낱말과 낱말이 연결된 방식으로 사물을 인식하는 방식이 바뀐다면, '이것이 절대적으로 옳다'를 추구해온 고대~근대 철학에 의문을 제기할 수밖에 없다.

더불어 '나는 ○○이다'라는 아이덴티티Identity(자기동일성)에 대해서도 의문이 생긴다. '차이'라는 상대적인 생각에 따르면, '나는 ○○이다. 그것은 옳다'라고 말할 수 없게 되는 것이다.

세 낱말이면 모든 대화가 가능하다?

"이 옷 괜찮지?"
"그러네"
"근데, 돈이 없어!"
"정말?"
"부모님이 용돈을 안 줘!"
"싫겠다."
소쉬르의 생각으로 보면, 이 대화의 문제는 무엇일까?

 사고방식의 힌트!

낱말이 세계를 나누고 사고는 복잡해지는데, 단순한 낱말로 잘라 말하면?

 ## 사용하는 낱말을 늘리면 사고도 풍부해진다

한국인은 '말보다 내용이 중요하다'는 발상을 가지고 있어서
애매한 낱말을 사용하는 경우가 많다. '말로 하지 않아도 안다'
는 눈치와 공감의 독특한 문화 때문에 말을 많이 하는 사람을
피곤하게 여기는 분위기도 만연해 있다. 그러나 낱말의 연결
(차이의 체계)을 늘리면 사고가 풍부해지므로, 세계의 폭이 넓어
진다. '그래', '정말', '싫어'처럼 단순한 낱말로 표현하다 보면,
사고도 점점 위축될 위험이 있다.

레비스트로스

Claude Lévi-Strauss
사회인류학·구조주의

> 자신도 모르는 규칙 이면에
> 보이지 않는 구조가 있다

국가 프랑스　　사상 야생의 사고　　　　　　　　　　　　1908~2009

저서 《야생의 사고》, 《슬픈 열대》 등

역사는 일직선으로 진보하지 않는다

⊙ 누구도 이해할 수 없었던 원시 부족사회의 관습

문화 인류학자였던 레비스트로스는 원시 부족 사람들과 적극적으로 교류하며 친족문화와 신화 등에 대해 연구했다.

당시, 인류학자들을 괴롭혀 온 수수께끼 같은 테마가 있었다. 미개사회에서 행해지는 **근친상간 금기(인세스트 터부**Incest Taboo**)**가 그것이다. 관련된 예로, '평행사촌Parallel Cousin (부모와 성별이 같은 형제자매의 자녀인 친사촌과 이종사촌)'과 '교차사촌Cross Cousin (부모와 성별이 다른 형제자매의 자녀인 고종사촌과 외사촌)'의 혼인 문제를 들 수 있다.

일부 문명사회에서는 사촌 간의 결혼을 근친혼으로 간주하며 법적으로 금지한다. 그와 반대로 일부에서는 모두 허용하기도 한다. 그런데 특정 원시 부족사회에서는 평행사촌과의

결혼을 금기하면서, 교차사촌 간의 결혼을 장려한다.

문명사회의 가치 판단 기준에서 보면 평행이든 교차든 사촌임은 마찬가지인데, 원시 부족사회에서는 평행과 교차의 구분이 왜 중요할까? 이 금기를 실천하고 있는 원시 부족 사람들과 인터뷰해 보면 신기하게도 그들 역시 잘 모르고 있었다.

마치, "원로님, 평행사촌과의 결혼은 금지하면서 교차사촌과의 결혼은 왜 허락하는 거죠?"라고 물었더니, "나도 잘 몰라. 옛날부터 내려오는 관습이다!"라는 대답이 돌아온 것과 같다.

⦿ 미개인의 고등 사고법

많은 인류학자가 이 수수께끼를 풀기 위해 연구를 진행했지만, 다들 속수무책이었다. 사촌의 종류에 따른 유전적 문제가 있는 것도 아니고, '그렇게 고집할 일은 아니잖아?'라고 학자들은 생각했다. '미개인은 미개인이다. 문명인이 이해할 수 없는 미신적인 풍습을 믿는 것뿐이다'라고 여긴 것이다.

그러나 레비스트로스는 이 문제에 대해서 여느 학자들과 착안점이 달랐다. 레비스트로스는 소쉬르가 제창한 구조 언어학의 원리를 계승하고 발전시킨, 로만 야콥슨Roman Jakobson, 1896~1982에게서 음운론을 배웠다. 레비스트로스는 그때를 회상하며, 마치 섬광이 번쩍이는 느낌을 받았다고 말한다. 그 즉시, 레비스트로스는 구조 언어학 이론을 인류학에 적용했다.

언어의 본질에 보이지 않는 구조(차이의 체계·관계성)가 있듯이, 일부 현상만 보고 미개하다고 폄하했던 원시 부족의 친족·혼인·신화 이면에는 전체에 주목하지 않으면 이해할 수 없는 구조가 숨겨져 있음이 밝혀졌다.

평행사촌 간에 혼인하면, 부족 내 여성 인원의 교체가 없다. 하지만 교차사촌 간에 혼인하면, 여성 인원이 원활하게 순환하므로 특정 부족만 번영하거나 쇠퇴하는 사태가 발생하지 않는다는 구조가 숨겨져 있다.

레비스트로스는 이를 가리켜 **'야생의 사고'**라고 정의했다. 미개한 민족의 관습으로 치부해 왔으나, 사실 그들은 자신도 모르는 사이에 과학적 규칙을 체득해 온 것이다. 이로써 근대적 사고만이 이성적이라는 선입견은 비판받아 마땅해졌다. 이는 전체 구조를 보지 못하고 **'자민족 중심주의'**에 편향되었던 서구의 세계관과 문명관에 대한 근본적인 반성을 촉발했다.

연 습 문 제

나는 구조주의를 사용하지 않는다

나는 구조주의를 잘 이해하지 못한다. 구조주의의 구조는 건물 구조의 구조와 의미가 다르다는데, 그러면 도대체 '구조'는 뭐야? 뭐가 되었든 어떠하리. 사는 데 별 필요도 없잖아? 그건 그렇고, 마지막 남은 고기는 누가 먹을 거야? 가위바위보로 정할까?

이 사람은 정말 구조주의와 관련 없이 살고 있을까?

 사고방식의 힌트!

가위바위보의 관계성은 특정 규칙의 변형이다. 우리는 무의식적으로 모든 구조를 사용하고 있다.

 관계가 변하는 동안 기본은 유지된다

가위바위보에는 '바위'가 '가위', '가위'가 '보', '보'가 '바위'를 이긴다는 관계가 있다. 가위, 바위, 보의 의미가 중요한 것이 아니라, 가위바위보가 가진 관계가 중요하다. 불, 물, 쇠로 대체하고 가위바위보와 같은 구조를 사용할 수도 있다. 물은 불을 이기고, 불은 쇠를 이긴다 등 나중에 이유를 붙이면 된다. 요컨대, **구조는 깊숙이 숨겨진 공식과 같지만, 변형 가능하다.** 풍선에 그린 물고기 무늬가 풍선을 부풀리면 변형되는 것처럼 구조의 특징은 다양한 변형이 가능하다는 의미이다.

푸코

Michel Foucault
후기 구조주의

지식의 형태는 시대에 따라 변한다

[국가] 프랑스 　 [사상] 에피스테메 　　　　　　　　 1926~1984

[저서] 《말과 사물》, 《광기의 역사》, 《감시와 처벌》 등

'인간의 종언'이란 무엇일까?

⦿ 선을 그으면 그렇게 보인다

푸코는 저서 《광기의 역사》를 통해, 시대를 추적하며 광기가 오늘날 '정신병'이라고 칭해지기까지의 과정을 논했다. 우리는 어느 시대에나 정신병이 존재했다고 생각한다. 광기와 정상의 기준이 처음부터 정해져 있다고 생각하며 선을 긋는 것이다.

푸코는 광기가 먼저 존재한 것이 아니라, 사회가 광기를 규정하고 의미를 부여한다고 보았다. 다시 말해, **광기는 역사적으로 이성(정상성)과 관련되어 형성되었다는 것이다.**

푸코에 따르면, 중세까지 서구 사회에서는 광기 어린 사람을 신이 보낸 사람으로 받아들여 일반인들과 구별하지 않고 공존했다. 접신接神(신내림)은 신이 인간에게 메시지를 보내는 라디오 역할을 하며, 광기에는 사람을 매료시키는 요소가 있었다.

어떻게 자를까?

　시대가 바뀌어도 광기와 이성 사이에 명확한 차이가 없는 경우가 많았다. 그러나 점차 광기가 있는 사람들은 감금 대상이 된다. **이성과 광기 사이에 선을 그음으로써 광기가 정신 질환이라는 '질병'으로 이행한 것이다.**

　구체적으로 살펴보면, 프랑스 왕조의 절대군주제에 의해 파리에 무료 종합진료소를 설립하라는 칙령이 내려졌다. 그리고 이곳에 광기가 있는 사람들을 모아 가두게 된다. 그 후 18세기 말부터 광기가 있는 사람은 보호시설이라는 제도하에 맡겨지게 되었다.

　푸코는 정신의학과 심리학이 성립하게 된 이유가 광기를 정신질환으로 규정하였기 때문이라고 생각했다. 선을 긋고 구분함으로써 학문이 성립된 셈이다.

⊙ 지식이 변하면 사람도 변한다?

푸코는 광기에 대한 역사적 흐름을 파악한 후, 인간 지식의 흐름에 대한 계보를 추적하였다. 그리고 각 시대의 **에피스테메** Episteme**(지식의 틀과 사고의 토대)**를 명확히 했다. 그는 이를 정리한 저서 《말과 사물》(1966)로 큰 명성을 얻게 된다.

이 책에 따르면, 르네상스의 에피스테메는 '유사類似'라고 정의한다. 예를 들어, '호두는 뇌와 모양이 비슷하므로, 호두를 먹으면 머리가 좋아진다'와 같은 사고방식이다. 다소 신기하지만, '유사' 사고가 그 시대의 에피스테메였다.

17세기 중반에 이르자, **'대상을 분류하고 정리하는'** 시대가 도래했다. 데카르트 철학이 그랬던 것처럼 대상의 옳고 그름이 이성에 의해 명료해지는 '에피스테메' 시대였다. 이 시기에는 수학 및 다양한 분류학이 발전했다고 판단된다.

19세기 초에는 경제학, 언어학, 생물학, 인류학, 심리학 등의 에피스테메가 발달했다. 푸코는 이 시기에 **'인간'**의 틀이 탄생했다고 말한다. 당연히 아주 오랜 옛날부터 생물학적 인간은 존재해 왔다. 여기서 말하는 '인간'이란 새로운 에피스테메라는 필터를 통해 본 인간이다.

이러한 이론을 바탕으로 푸코는 **'인간의 종언**終焉**'**을 선언한다. 미래의 에피스테메가 바뀌면 인간도 끝이 난다는 의미이다. 물론, 인류의 멸망을 의미하는 것이 아니므로 걱정할 필요는 없다. 미래에는 전혀 다른 의미와 견해가 출현한다는 뜻이다.

> 요즘 기분이 우울해

인터넷으로 나의 정신 상태를 체크해봤다. '의욕이 없고 무기력하다', '무엇을 해도 재미가 없다', '쉽게 잠들지 못한다', '건망증이 심해졌다', '인간관계가 힘들다'… 우와! 나는 모든 문항에 해당한다. 결과는 '당신은 우울증일 가능성이 있습니다'였다. 병원에 가봐야 할까?
푸코의 철학으로 이 사람에게 조언해 준다면?

 사고방식의 힌트!
명확하게 선을 긋다 보면, 스스로 잘못된 방향으로 가게 될 수도 있다.

 이성과 비이성은 구분하기 어렵다

그저 기분이 우울할 뿐인데, "우울증 같은데, 병원 한번 가봐"라는 말을 들으면 괜스레 불안해진다. 푸코는 광기에 대한 배제와 감금의 역사를 추적했다. 그것은 이성에 의해 선 긋기가 되어가는 과정이었다. 너무 많은 질병명을 들으면 모두 자신에게 해당한다는 생각이 든다. 따라서 적당히 유연한 판단이 필요하다. 예전에는 우울해하는 사람에게 '힘내라'는 격려가 당연했지만, 요즘에는 상대에게 무리한 격려를 삼가야 한다는 생각이 통용되고 있다.

리오타르

Jean-François Lyotard
포스트모더니즘

> 거대서사의 시대가 막을 내리고,
> 소서사의 시대가 온다

국가 프랑스   사상 거대서사의 종언   1924~1998

저서 《포스트모던의 조건》, 《리비도의 경제》, 《쟁론》, 《칸트의 숭고미에 대하여》 등

포스트모던이라는 용어를 정착시키다

⊙ 거대서사는 말하자면 마르크스주의이다

리오타르는 프랑스의 비평가이자 철학자이다. 초기에는 마르크스주의와 현상학의 융합을 목표로 하였으나, 프랑스 오월 혁명을 계기로 **포스트모던 사상**을 전개하게 된다.

1970년대에 프랑스에서는 새로운 사상의 흐름이 등장했다. 대표하는 인물로는 푸코, 들뢰즈, 가타리, 데리다 등이 있다. 처음에는 포스트 구조주의 분야로 소개되었지만, 지금은 포스트모던이라고 불린다. 리오타르가 《포스트모던의 조건》을 저술하면서 이 용어가 정착되었다.

그럼 포스트모던이란 도대체 무엇일까? 리오타르에 따르면, 포스트모던의 특징은 **'거대서사(거대한 이야기)'**가 종식된 후의 사상이다. 거대서사는 '우여곡절이 있지만, 세상은 점차 좋아

지고 있다'는 사고방식을 말한다. 예를 들어 **'이성은 발전하고 역사는 진보한다'는 진보 사관, '역사는 필연적으로 자본주의에서 사회주의로 발전한다'는 마르크스주의 사관** 등이다. 이러한 사상에 따르면 역사 과정은 미리 정해져 있고, 스토리가 있다. 리오타르는 이를 가리켜 '거대서사'라는 용어를 사용했다.

리오타르는 이제 거대한 이야기가 막을 내리고, 셀 수 없이 많은 **소서사(소소한 이야기)**로 대체된다고 말한다. 소서사란 '친구와 라면을 먹었다'라든가, '놀이공원에 갔다'와 같은 작은 이야기를 말한다. 그런데 이런 작은 이야기들이 정말 중요할까?

'열심히 공부해서 좋은 대학에 진학하고, 대기업에 취직하여 부를 축적한다'는 이야기는 어떨까? 이 역시 개인형 거대서사이므로 붕괴하게 된다. 대학 진학 후 대기업에 입사하여 출세하는 것이 부를 축적하는 길이며, 인간이 추구할 행복이라는 생각은 거대서사의 일부이다. 이러한 가치관은 시대가 흐르면서 점차 쇠퇴하고, 사람들은 각자의 이야기, 즉 소서사 속에서 살아가게 된다.

리오타르는 이를 가리켜, **거대서사에 대한 불신**이라고 표현했다. 현대에서 발생하고 있는 상황으로 포스트모던 상황이라 불리기도 한다. 포스트모던이란, 이러한 상황에서 **인간은 어떻게 살아갈 것인지, 그 속에서 어떻게 새로운 이야기를 찾아갈 것인지, 혹은 이야기 없이 살아갈 것인지에 대한 사고의 틀**이라고 할 수 있다.

포스트모던 사고방식은 언제라도, 누구에게나, 어디에서든 통하는 보편적인 사상이 아니다. 다양한 의견이 분분하다 보니 전체를 이해하기는 다소 어렵다.

지식은 본디 세상을 개선하거나, 의견을 교환하여 여론을 만드는 수단이었다. 그런데 리오타르에 따르면, **다양한 가치관이 공존하는 포스트모던 사회에서 지식은 정보 교환의 가치를 가진 상품**이 된다.

자신의 교양과 능력 향상을 위해 지식을 사용하는 것이 아니라, 자신과 타인의 상호 이익을 추구하기 위해 지식을 교환한다. 그 결과, 세상에는 수많은 정보가 넘쳐흐르게 되었다.

이러한 정보의 홍수 속에서 허우적대지 않기 위해 우리는 각자 감수성을 연마하고 정보 활용 능력을 높여야 한다. 하지만, 이는 꽤 어려운 일일 수 있다.

연습문제

> 인생의 목표는 성공이다!

돈은 성공의 기준입니다. 세상은 점점 진보하고 승자와 패자가 확실하게 갈립니다. 승자가 되기 위해 열심히 투자 방법을 공부하고, 위로 올라가는 것이 우리 삶의 목적입니다. 우리 모두 성공한 부자가 됩시다. 이 클래스는 성공의 출발점입니다. 첫 수업부터 100억 자산가의 투자 성공 비법이 공개됩니다! 성공 클래스 과정 수업료는 500만 원입니다. 리오타르의 철학으로 보면, 이 광고는 무엇이 문제인가?

 사고방식의 힌트!

자본가에게 유리한 진보 사관이자 자본주의 사관이므로 비판적 시각으로 볼 필요가 있다.

 성공을 목표로 하지 않는 멋진 철학

과거의 정치사상은 목적을 향해 행동하고, 효과에 초점을 맞추었다. 현대에 이르자, 세상이 무엇을 향해 나아간다는 거대서사는 끝이 났고, 공산주의의 목표도 실현되지 않았다.

'목표를 가지고 크게 성공하라'는 인생 방식도 사실 자본주의의 거대서사에 의해 조작될 수 있다. 돈과 권력으로 자신을 증명하고 싶은 것(인격적 동일성)은 알겠지만, 그런 생각은 이미 낡았다. 이제는 개인의 소서사 속에서 살아가는 '표류의 사상' 시대로 접어들었는지도 모른다.

보드리야르

Jean Baudrillard

사회철학·기호론

기호로 차별화되는 소비 생활

국가 프랑스　　　사상 생산의 종언, 차이　　　　　　　1929~2007

저서 《소비의 사회》, 《사물의 체계》, 《불가능한 교환》 등

'생산의 종언'이란 무엇일까?

⊙ 생산 시대에서 소비 시대로의 전환

보드리야르는 **현대 소비사회에서 사람들은 상품을 기호로 소비한다**고 분석했다. 예를 들어, 세탁기를 구매할 때 예전에는 세탁이 잘 되는지가 기준이었다. 그러다 어느 순간부터 세탁기의 디자인과 색상이 다채로워지고, 형태도 다양해졌다. 게다가 용도를 잘 모르겠는 버튼도 많아졌다. 세탁이 잘 되는지를 넘어 브랜드는 무엇인지, 집 인테리어에 어울리는지 등 세탁 기능 이외의 판단 기준들이 혼합된 것이다.

이처럼 현대 소비사회에서는 **상품을 구매함으로써 구매자의 '지위'가 얼마나 만족되는지를 보여주는 이미지가 매력으로 작용한다.** 가전제품, 자동차, 스마트폰 광고를 떠올려 보면 이러한 현대 상품의 특징을 쉽게 이해할 수 있다.

보드리야르는 이러한 현상을 '**생산의 종언**'이라고 표현했다. 상품은 물건이 아닌 기호가 되었고, 물건의 효용보다 다른 상품과의 차이(매력)가 더 중요해졌다. 이제 상품의 의미는 생산에 투입된 노동의 집약도나 비용이 아니다. 단지 품질의 우수성만이 명품의 판단 기준도 아니다. 즉, 생산의 관점에서 분석할 수 있었던 생산 중심의 근대 사회는 끝났다고 볼 수 있다.

그렇다면 '생산의 종언' 이후, 소비사회의 특징은 무엇일까? 소비사회에서 중요한 것은 상품의 매력이다. 생산의 시대에서 사회를 상징하는 장소는 공장이나 철도 등 투박한 곳이었다. 소비의 시대에서 사회를 상징하는 장소는 수많은 상품이 매력적으로 진열된 상점, 멀티숍, 쇼핑센터 등이며, 다른 상품과 차이를 두는 역할을 수행하고 있다.

⊙ 모두가 가지고 있으면 명품이 아니다?

보드리야르는 생활필수품을 구하는 '욕구'와 사회적 지위나 차이를 구하는 '욕망'을 구별했다. 배가 고파서 빵을 구하는 것은 욕구이고, 멋지게 보이고 싶어서 브랜드 정장을 구하는 것은 욕망이다. 욕망은 타인과의 구별을 표현하는 기호의 상징을 소비하는 것이다.

소비사회 인간은 사물의 기능과 효용을 소비하는 데 그치지 않는다. 과거 귀족계급이 그랬던 것처럼 사회적 지위를 과시하고, 타인과의 차이와 구별을 요구한다. '나는 아르마니 수트를 입고 롤렉스 시계를 차며 벤츠를 탄다'는 기호적인 표현 중 하나이다.

기호론적 소비 욕망('브랜드 상품을 원한다!')에 의해 소비재는 기능재와 기호재의 결합으로 전환한다. 말하자면, '추워서 입는다'는 기능에 '멋있다'가 결합하는 것이다. 소비 욕망이 더욱더 기호재로 이동함에 비례하여 재화 역시 더욱더 기호화되면서 소비사회는 기호 체계가 된다.

이러한 행동 양식을 구체적으로 실현하는 이들은 상승 지향적인 중간계층이다. 중간계층은 타인과의 극히 작은 차이를 바라고 행동하는 특성이 있다. 결국 그 작은 차이들이 상호 해소되면서 동일성이 탄생한다.

그들의 생각을 예로 들어 상상해 보면, '다들 ○○브랜드 명품 가방 하나쯤은 가지고 있잖아?'와 같은 느낌이랄까?

연습문제

> 명품을 휘감고 있으면 이기는 거야?

나는 프리미엄 외제 차를 타고, 명품 브랜드 정장, 신발, 시계, 가방으로 멋을 내지. 뭐라고? 가방은 수납이 가능하고, 신발은 걷기 편하고, 자동차는 달리기만 하면 된다고? 말도 안 되는 소리 하지 마! 남들과 차이를 두는 것이 쾌감이라고! 어라, 신용카드 한도 초과네!
보드리야르의 철학으로 보면, 이 사람은 무엇에 휘둘리고 있을까?

 사고방식의 힌트!

상품의 사용 가치가 아니라, 브랜드로 타인과 차이를 둔다는 소비사회의 특성에 주목하자

 정말 필요한 것일까?

의류, 가방, 시계의 브랜드를 과시하는 것은 소비의 '차이'를 강조하는 행위이다. 브랜드 소비에 열광하며, 특정 브랜드를 종교처럼 여기는 사람들도 등장했다. 그들에게는 파리, 뉴욕, 런던, 밀라노 컬렉션이 그야말로 종교의식일지도 모른다. 브랜드를 소비할 수 있는 재력이 있다면 기호적인 브랜드에 빠져도 사는 데 지장 없겠지만, 그렇지 않다면 괴로움에 빠지게 될 것이다. 그보다는 소크라테스와 플라톤, 아리스토텔레스 등의 고전 철학에 빠지는 것이 인생에 더 이롭지 않을까?

들뢰즈, 가타리

Gilles Deleuze | Félix Guattari

포스트모더니즘

> 도주선을 긋고
> 다양한 가치를 발견하자

국가 프랑스	사상 탈코드의 시대		들뢰즈	1925~1995년
			가타리	1930~1992년

저서 《안티 오이디푸스》, 《천 개의 고원》(공저) 등

자본주의를 기계로 보다

⊙ 모든 것은 '욕망하는 기계'?

구조주의는 프로이트의 정신분석을 기초로 하고 있다. 포스트모던 사상도 이 연장선에 있지만, 들뢰즈와 가타리는 프로이트 이론을 비판했고, 공동 저서인 《안티 오이디푸스》와 《천 개의 고원》을 통해 독특한 포스트모던 사상을 전개했다.

일반적으로 우리는 자연의 존재들을 유기물과 무기물, 식물과 동물 등으로 분류하지만, 들뢰즈와 가타리는 자연과 인간을 공통 선상에서 파악하고자 했다. 또한 프로이트의 **무의식을 재해석하여 마음의 배후에 있는 존재가 아닌 세계 전체로 보았다**.

무의식이라는 세계에서 '욕망하는 기계'라 불리는 무수히 많은 '분자'들이 헤어졌다가 만나고, 모였다가 흩어지기를 반복하며 생물과 물체, 사회제도, 생산물을 만들어 낸다.

단지, 세계를 기계장치로 보는 유물론이 아니라, '전 세계가 무의식의 세계이다'라는 독특한 이론이다. 무의식(세계 전체)은 무수한 분자인 '욕망하는 기계'의 거대한 총체이므로, 도처에서 이상 상태가 발생한다(컴퓨터가 갑자기 이상해지는 것처럼). 더욱이 **'기관 없는 신체'**는 욕망의 본질 같은 것으로 인간의 신체 기관에 연결되면 식욕, 성욕 등 구체적인 욕망으로 나타난다.

◉ 틀에 박힌 사고를 선으로 바로 잡다

들뢰즈와 가타리는 역사를 헤겔이나 마르크스와 다른 방식으로 분류했는데, 다음과 같다.

①원시토지기계(원시공산제)**: 코드화**(관계 맺음), 주인공은 토지

②전제군주기계(전제군주국가)**: 초코드화**(①에 법률이 더해지면서

피라미드형 서열이 생김), 주인공은 왕의 신체

③**문명자본주의기계(자본주의제): 탈코드화(**①과 ②가 교체하며 경제 변동이 일어남), 주인공은 화폐

자본주의는 '욕망하는 기계'의 종착점으로 세상의 욕망을 부추기고 신선함과 새로움으로 그득그득 채워지게 만든다(신형 스마트폰들이 잇따라 출시되는 상황을 떠올려 보면 쉽게 이해할 수 있다).

들뢰즈와 가타리에 따르면, 무의식을 작은 틈새로 보는 것이 스키조프레니아^{Schizophrenia}(분열증, 조현병)이다. 스키조프레니아 전 단계인 **스키조**는 기술·예술적 창조, 주식·부동산 투자 등 자유로운 활동으로 표출된다. 스키조는 자본주의에서 새로운 창조를 하므로, 공산주의 혁명은 지연되고 실현되지 않는다. 혁명이 일어날 것 같으면 스키조가 활성화되기 때문이다.

스키조는 비위계적이고 다양한 **리좀(땅속줄기, 뿌리줄기 형태)**으로 확산한다. 리좀은 **트리(나뭇가지 형태)**처럼 계통적으로 발달하는 것이 아니라, 균류의 뿌리처럼 자유롭고 유동적으로 접속할 수 있는 차원으로 퍼져나간다.

반면에, **파라노이아(편집증)**는 통합적으로 사물을 포착하고 집착하는 유형을 말한다. 파라노적 상태에서는 필사적으로 일하기 때문에 자본을 축적하게 된다.

자본주의는 **노마드(유목민)**적이므로(개발, 재개발 등) 욕망을 더욱 부추기는 상황을 만든다. 이렇게 되면 스키조의 작용이 파라노를 웃돌아 자본주의 기계는 제멋대로 붕괴하게 된다.

> ### 스키조와 파라노를 아는가?
>
> 나는 50대 중반의 자영업자이다. 요즘 들어 종종 과거 일들이 떠오르곤
> 한다. 문득 대학생 시절에 보았던 스키조, 파라노라는 용어가 생각났다.
> 기억을 더듬어 보면 스키조나 파라노는 기성세대를 거역하고 엉뚱한
> 행동을 자유롭게 하라는 뜻이었던 것 같다.
> 이 사람은 무엇을 착각하고 있는 것일까?

 사고방식의 힌트!

현대 사상은 새롭게 밝혀낸 개념으로 사회를 설명하므로, 그렇게 단순하지
않을 수 있다.

 젊은 시절은 스키조, 나이 들면 파라노로 산다고?

스키조는 새로운 아이디어나 발명 등을 생각해 내는 상태를
말한다. 무의식(세계)을 얼핏 본 사람이 스키조프레니아(조현병)
징후가 있는 스키조이다. 그 반대편에 있는 파라노이아(편집증)
징후가 바로 파라노이다. 들뢰즈와 가타리는 **자본주의 속에서
여러 각도로 선을 긋자(도주선을 긋자), 스키조를 체험해보자는 메
시지를 보낸다.** 특정 가치에 얽매이지 않도록 '도망친다'는 의
미이기도 하다.

단, '난 노마드야. 이제부터 스키조로 살 거야'라며 사표를 던
지는 행위를 장려하는 것이 아니니 조심하자.

217

데리다

Jacques Derrida
포스트모더니즘

진짜와 가짜 사이에 선을 그을 수 없다

국가 프랑스　　사상 형이상학의 탈구축　　　　　　　　　　1930~2004

저서 《목소리와 현상》, 《그라마톨로지》 등

사본은 원본에 영향을 준다

⊙ '탈구축'이 뭐지?

데리다는 **'탈구축**股構築 Deconstruction**'**이라는 용어로 유명하다. 그러나 그의 철학 사상은 해설을 읽어봐도 이해하기 어렵다는 사람들이 많다. 이는 데리다가 **'기존 철학 vs 새로운 철학'**의 관점에서 기존 철학을 비판하고 있기 때문이다. 즉, 철학사에 대한 이해가 전제 조건이므로 어렵다고 느끼는 것이다. 다행히 이 책은 철학사 전체의 맥을 짚는 것을 테마로 하고 있으므로, 처음부터 찬찬히 읽어보면 '탈구축'의 의미를 쉽게 이해할 수 있을 것이다.

기존 철학(소크라테스부터 헤겔까지)은 '진실은 어딘가에 있고, 사본이 넘쳐나니 진실을 찾자'는 내용이었다. 쉽게 말해, '진정한 사랑은 어딘가에 있다. 이 사랑은 가짜이다. 그러니 진정한

사랑을 찾자!'와 같은 생각이라고 할 수 있다.

그러나 새로운 철학은 진짜와 가짜의 구별을 없애 버린다. 예를 들어, 원래 외꺼풀의 눈매를 가진 사람이 아이라이너를 그리고 속눈썹을 붙이고 컬러 렌즈를 삽입하여 눈가를 또렷하게 하고 있었다고 하자. 기존 철학은 '외꺼풀 눈이 진짜이고 아이라이너, 속눈썹, 컬러 렌즈로 꾸민 눈은 가짜이다'라는 사고방식이었다. 그런데 매일 화장하다 보니 미의식이 높아졌고, 칼로리 제한 다이어트도 실천한 결과 얼굴이 갸름해지면서 자연스럽게 쌍꺼풀이 생기고 눈이 커졌다. 커진 눈에 아이라이너, 속눈썹, 컬러 렌즈 등으로 꾸미니 완벽하게 어우러졌다고 치자. 이런 경우에는 **'가짜가 진짜에 영향을 주고 있다'**고 한다 (어디까지나 비유일 뿐이지만).

데리다는 '진리와 허위', '본질과 외견', '정상과 이상', '원본과 사본' 등은 분리할 수 없다고 보았다. 기존(고대~근대) 철학은 흑과 백을 명확히 구분해 왔다. 흑과 백을 **'이항대립=패여고'**이라 하는데, 데리다의 탈구축은 이항대립 구조를 해체하겠다는 의미이다. 보통의 사고방식으로는 '진리', '본질', '정상', '원본'이 평가되고 복제는 위작처럼 여겨지지만, 복제에 의해 원본도 영향을 받으므로 이항대립의 계층 질서는 무너지게 된다.

⊙ 고전 철학은 왜 비판받는 것일까?

고전 철학은 확연히 드러난 것(현전하는 것)을 근거로 이론을 짜 맞춰 왔다. 데카르트가 말한 '나는 생각한다. 고로 나는 존재한다'의 '나(=자아)'도 확연한 근거였다. 데리다에 따르면, 그러한 철학은 **'독백'**이다. '확연한 나는 진짜이다'라는 말이니 이항대립이 된다(형이상학이 된다). 데리다는 의심할 여지 없다고 여겨지는 진리를 **'흔적'**이라는 용어로 설명한다.

그 자체로 진짜인 것은 없으며, 이미 무언가의 영향을 받았기 때문에 '흔적'이다. '나는 내가 제일 잘 안다. 나는 나다'(동일성을 가지고 있다)라고 생각하겠지만, 나는 이미 무언가의 영향을 받았기 때문에 A=A처럼 단순할 수 없다. '이것은 녹색이다'라고 말하는 순간, 진짜 녹색은 언어의 영향을 받는다. 마치 항상 시간차 공격을 받는 것과 같다.

이처럼 데리다는 동일성을 부정하고 기존 철학을 철저하게 비판했다.

> 진실을 찾기 위해 읽는다

어떤 철학자의 사고방식을 이해하는 가장 좋은 방법은 그의 저작물을 읽는 것이다. 찬찬히 읽다 보면 저자의 생각을 충분히 이해할 수 있다. 플라톤의 《국가》를 읽으면 그의 진정한 사상을 이해할 수 있겠지….
그런데, 조사해 보니 플라톤에 대한 해석이 학자마다 다르다! 플라톤 본인이 무슨 생각을 했는지 직접 알고 싶다!
데리다의 철학으로 이 사람에게 조언해 준다면?

 사고방식의 힌트!

저자에게 진실이 있고, 쓰인 글은 사본이라는 이항대립의 혼란에 빠졌을 수 있다.

흔적으로 진실을 복원하는 것은 무리이다

쓰인 문자(텍스트)를 통해 진실을 복원하고자 하는 열망이 보이지만, 읽는 과정에서 이미 독자의 해석이 끼어든다. 플라톤의 진실이 어디 다른 차원 같은 곳에 보존되어 있다면 좋겠지만, 남은 것은 텍스트뿐이다. 플라톤이 생각한 진실(플라톤의 생생한 목소리=파롤)을 책이 대리하는 것이 아니다. 쓰인 것(에크리튀르)은 읽히면서 시간차를 두고 다양한 해석으로 증식한다. 그래서 쓰인 것이 더 대단하다는 에크리튀르의 복권復權이 강조된다.

알튀세르

Louis Althusser

마르크스주의·구조주의

> ## 마르크스주의는 여전히 유용하다

국가 프랑스　　사상 인식론적 단절　　　　　　　　1918~1990

저서 《자본론을 읽는다》, 《마르크스를 위하여》 등

'마르크스를 다시 읽다'를 다시 읽는다

⊙ 철학 사상을 다시 한번 철학자가 해석하다

알튀세르는 마르크스주의에서 새로운 가능성을 찾아낸 프랑스 철학자이다. 그는 마르크스 사상은 전반부와 후반부로 나뉘며, 이들을 하나로 묶어서 생각하면 안 된다고 주장했다. 예를 들어, 〈스파이더맨〉 예고편 후에 〈배트맨〉 본편이 상영되었는데, 이 둘을 하나의 스토리로 엮어서 이야기하면 혼란스러워지는 것과 같다.

알튀세르는 청년기 마르크스의 사상**(초기 마르크스)**과 중장기 마르크스의 사상**(후기 마르크스)**이 다른 특징을 가지고 있으며, 후기 이론이 본편이라고 판단했다. 그리고 '마르크스 사상은 여전히 실현 가능하다!'라고 주장했다.

당시, 서구 마르크스주의는 힘을 잃어가고 있었다(1991년, 소

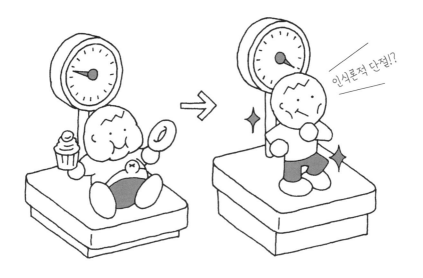

인식론적 단절!?

련의 붕괴로 증명되었다). 이에 알튀세르는 구조주의적 방법으로 마르크스주의를 바로잡고, 과학으로서의 마르크스주의를 확립함으로써 패자부활전을 노렸다. 전통적 마르크스주의는 인간이 최선을 다해 혁명을 일으키고 공산주의로 향한다는 이미지였다**(인본주의)**. 하지만 알튀세르는 자본주의 사회의 숨겨진 구조를 과학적으로 엄밀하게 분석한《자본론》(1867)이야말로 진정한 마르크스주의라 여겼다**(반인본주의·과학적)**.

1845년 이후의 마르크스는 젊은 날의 마르크스와 결별한다. 방대한《자본론》을 완성했다는 점에서 나이 든 마르크스는 젊은 마르크스와 확실히 구분되어야 한다. 알튀세르는 이를 가리켜 **'인식론적 단절'**이라고 표현한다. 단절기를 거쳐 새로운 마르크스, 진정한 마르크스가 탄생한 것이다.

⊙ 냉철하게 마르크스를 이야기하는 방법

알튀세르는 '**중층결정**重層決定'의 개념으로 마르크스주의를 재해석한다. 마르크스는 하부구조(경제적인 토대)가 상부구조(이데올로기)에 반영된다는 경제적 결정론을 주창했다. 반면에 알튀세르는 하나의 사건은 단일 모순(원인)에서 발생하는 것이 아니라 복수의 이질적인 모순(원인)에서 결정된다고 생각했다.

전기 마르크스의 인본주의적인 면을 잘라내고 구조주의적으로 재고함으로써 마르크스주의는 시대를 넘어 과학적 이론으로 통용될 수 있다. 이것이 마르크스주의가 여전히 유효하다고 생각되는 이유이다. 이처럼 알튀세르는 마르크스의 《자본론》을 단지 이론으로 받아들이는 것에 그치지 않고, 새로운 철학으로 재해석했다.

일반적 마르크스 해석으로는 역사가 진행되는 공식이 정해져 있다(p.132 참조). 그러나 세상은 그렇게 진행되지 않는다. 예상치 못한 일들이 발생하기 때문이다. 빈부격차의 모순이 발생해도 정부의 조정(사회복지 등)이 개입하면 반드시 혁명으로 이어진다고 할 수 없다.

그래서 알튀세르는 노동자 해방이라든가, 소외된 노동으로부터의 회복과 같은 실천적인 부분이 없어도 마르크스주의를 논할 수 있도록 했다(많은 반론도 존재한다). 다시 한번 영화로 표현하자면, 상영된 영화의 감독판처럼 같은 철학을 다른 관점으로 즐길 수도 있다는 이야기이다.

연습문제

계속 같은 주장을 고수해야 해?

"튀김과 계란을 곁들이려면 메밀면이 최선이야. 그 외엔 없어!"
"네!"
(일주일 후)
"간장 육수 베이스에 우동면을 넣고 튀김과 계란을 올리면, 우동면과 육수의 영향을 받은 튀김이 변증법적으로……."
"전에는 메밀면이 최선이라면서요!"
알튀세르의 철학에서 보면, 요리사의 사고 전환은 괜찮은 것일까?

 사고방식의 힌트!

생각은 점진적으로 변한다고 여겨지지만, 갑작스러운 비약도 가능하다.

 ## 생각이 항상 연속적인 것은 아니다

과거의 사고방식이 연속성을 가지고 현재로 진화해 오는 것이 인간적으로나 역사적으로 자연스럽다. 하지만 과거와 현재가 너무 다르면 '어느 쪽이 옳은가?'라는 논란이 생길 수 있다. **그럴 때는 대담하게 '아, 단절되었구나'라고 생각하면, 새로운 접근 방식으로 결정을 내릴 수 있다.** 마르크스의 경우, 청년기에는 인간이 세상을 움직인다는 인본주의적 입장이었으나, 단절기 이후에는 세계의 메커니즘으로 세상을 설명했다. 단절기를 거쳐 메밀파에서 우동파로 바뀌어도 문제 되지 않는다.

아렌트

Hannah Arendt
정치철학

생각 없음이 곧 악을 낳는다

| 국가 독일 | 사상 전체주의론 | 1906~1975 |

저서 《전체주의의 기원》,《인간의 조건》 등

인간이 인간답게 사는 활동이란?

⊙ 독재자는 어떻게 탄생하는가?

아렌트는 독일계 유대인 정치사상가로 홀로코스트 생존자이다. 1924년, 명석하고 고전에 조예가 깊었던 아렌트(18세)는 마르부르크 대학교에 진학했고,《존재와 시간》을 집필 중이던 하이데거 밑에서 본격적으로 철학을 배웠다. 둘은 연인관계로 발전하였으나 이듬해 결별한다. 하이델베르크 대학교로 옮긴 아렌트는 야스퍼스의 지도하에 박사 학위를 받는다.

1933년, 프라이부르크 대학교 총장으로 임명된 하이데거는 취임 연설에서 공개적으로 히틀러를 지지한다. 반면 아렌트는 독일에서 탈출하여 프랑스, 스페인을 거쳐 미국으로 망명한다.

제2차 대전 종식 후, 강의권을 박탈당한 하이데거와 아렌트는 재회하였고, 지적 동료로서 오랜 시간 서로를 지지했다.

당신이요!

전체주의는
뭐야?

아렌트는 《전체주의의 기원》(1951)에서 **귀속의식을 상실한 대중이 나치의 인종 이데올로기에서 소속감과 존재감을 찾는 과정을 분석했다**.

계급사회가 해체되고 근대 자본주의 사회로 이행하면서, 그어디에도 속하지 못한 사람들(대중)은 원자화되어 뿔뿔이 흩어지고 고립되었다. 거기에 불안정한 정세가 더해지면서 소외감과 절망감으로 분노한 대중은 공공성의 제어력을 상실하고 지도자들에게서 구원을 기대했다. 이때, 명쾌하고 일관된 세계관으로 대중을 현혹하고 세력화한 전체주의가 출현한다.

전체주의는 전체의 이익을 우선하며 개인이 전체를 위해 종속해야 한다는 사상이다. 아렌트에 따르면, **전체주의는 독재자에 의해 만들어지는 것이 아니라 대중의 필요에 의해 만들어진다**.

⊙ 우매한 파시스트가 되지 않으려면

아렌트는 인간이 외부로 행하는 활동을 '**노동**Labor', '**작업**Work', '**행위**Action'로 분류했다. '노동'은 인간 신체의 생명 유지에 필요한 소비재를 조달하고 생산하는 활동이다. '작업'은 인간의 비자연성에 대응하며, 자연환경과 확연히 다르게 영속하는 인공물로 세계를 창조하는 활동이다. '행위'는 인간의 자발성에 근거하여 타인과 관계를 구축하는 활동이다. 유일하게 사물의 개입 없이 인간과 인간 간에 직접적으로 행해지고, 가장 인간적이며 고차원적이고 다소 정치와 관련된다.

지구상에는 복수의 인간이 공존하고 있다. 그 한 명 한 명은 고유하고 동일시될 수 없다(**복수성**Plurality). 차이를 근간으로 고유성과 독자성을 발휘한다는 점에서 우리는 평등하다. 아렌트는 **다양한 의견을 갖는 것이 중요하며, 제약 없이 토론하고 공동 활동에 참여하는 자유로운 행위에 의해서만 인간의 개성과 능력이 발휘된다**고 믿었다.

'노동'과 '작업'은 혼자도 할 수 있는 사적 영역이고, '행위'는 공적 영역이다. 사적 영역 근간에는 생존 본능(**공통 본성**)이 존재한다. 사람들이 본능에만 충실하고, 판단과 저항 없이 세상의 흐름에 순종하면 히틀러 같은 독재자가 출현한다. **대중이 정치를 독재자에게 맡기는 것은 대중 스스로 악을 행하는 것과 같은 결과를 초래한다.** 세상과 타인에게 무관심하고, 사적 즐거움과 출세만 추구하며, 스스로 사유하지 않으면 선과 악을 분별할 수 없게 된다. 그럼 전체주의가 다시 고개를 들지도 모른다.

> 사상이나 정치에는 관심 없어!

나는 사상이나 정치에 관심 없다. 하루하루가 즐거우면 그것으로 충분하다. 돈을 많이 벌어서 즐기면서 살고 싶을 뿐, 정치를 누가 하든 상관없다. 정치는 정치가가 알아서 할 일이다. 정치사상? 그게 뭐야? 생각해봐야 쓸데도 없고, 몰라도 사는 데 지장 없다.
아렌트의 철학으로 이 사람에게 조언해 준다면?

 사고방식의 힌트!

무지각, 무사상으로 살면 결국 자기 목을 조르게 된다는 것을 왜 깨닫지 못하는가?

 정치철학에 관심이 없으면?

재미와 즐거움 등 사적 이익을 우선시하는 풍토가 만연하면, 문화가 저속해지고 교양 없는 사람들이 늘어난다. 그러면 점점 더 **사적 영역이 우선시 되기 때문에 공공성이 무너진다.** 그에 더해, 사람들이 배우고 깨닫기를 등한시하고, 스스로 사유하기를 멈추면 교활한 사람들의 세뇌에 의해 조종당하게 된다. 그것이 독재자의 출현이다. 우리는 자신도 모르는 사이, 독재자에게 조종당할 가능성이 있다. 이를 방지하기 위해서라도 다양한 사상을 배워야 한다.

바르트

Roland Barthes
모드(mode : 유행)의 기호론

패션에도 철학이 있다

국가 프랑스   사상 텍스트, 모드   1915~1980

저서 《모드의 체계》,《기호의 제국》,《영도의 문학》 등

기호로 세상을 읽다

⊙ 현대 사상에 멋진 표현을 도입한 사람

롤랑 바르트는 프랑스의 비평가이자 사상가이다. 주력 분야인 문예뿐만 아니라 신화, 모드(유행), 연극, 영화, 사진, 패션 등 문화 전반에 조예가 깊었다. 소쉬르의 구조 언어학에 기반한 기호학으로 세계를 해독했고, 텍스트(일관되게 엮어진 기호의 복합체), 에크리튀르(문자, 글말), 디스쿠르(담론) 등 현대 사상의 기본 용어를 대중화했다.

바르트의 **'저자의 죽음'**이라는 사상은 세상에 큰 영향을 주었다. 일반적으로 문학작품이 저자의 사상을 표현한다고 생각한다. 작품은 저자라는 주인이 지배하고, 독자는 작품을 통해 저자의 사상을 읽는다는 것이다. 그러나 바르트는 이러한 사고방식이 근대적 발상이며 구시대적이라 주장했다.

일본은 기호가 자유롭구나!

FUJIYAMA

NINJA

MAIKO

SUSHI

롤랑 바르트

'저자의 죽음'으로 남는 것은 '작품'이 아니라 **'텍스트'**이다. 텍스트는 저자의 손을 떠나, 독자가 읽음으로써 깊이가 생긴 다(저자의 죽음은 실제로 저자가 죽고 독자가 탄생한다는 의미가 아니다). **텍스트는 저자의 마음속 진실이 표현된 것이 아니라 읽힘으로써 새롭게 태어나고 가공된다.** 이렇게 되면 독자가 지배자 위치에 서게 되고, 텍스트는 독자를 통해 홀로 나아간다.

라틴어 Textum(엮다)에서 유래한 텍스트^{Text}는 글자를 엮어서 글을 완성한다는 발상이다. 같은 어원을 가진 Textile(직물) 역 시 실을 엮어서 직물을 완성한다는 의미이다.

바르트는 이러한 발상을 문학에 국한하지 않고, 사진 이론으 로도 전개하였다. 사진의 본질은 '그것은 예전에 있었다'이며, 우리가 알 수 있는 것은 지금 거기에 있는 사진뿐이다.

⊙ 패션을 철학적으로 말하다

'엮음'의 형태는 문화 전반에 통용된다고 할 수 있다. **바르트는 패션을 분석한 《모드(기호)의 체계》를 저술했다. 디자이너의 자유로운 발상에서 탄생한 모드(의상)는 어떤 기호인지의 관점에서 분석했다.**

예를 들어, 파리 컬렉션에서 '동물'을 테마로 디자인한 옷을 입은 모델이 런웨이를 걷고 있으면, '야생'의 이미지가 결합한 기호가 된다. 유기농 테마의 녹색 식물 디자인이었다면 '환경과 자연'이라는 기호가 된다.

한때, 바르트는 일본에 몇 번 체류한 적이 있었고, 자신의 저서 《기호의 제국》에서 일본에 대해 언급하기도 했다. **기호론에서는 기호 자체보다 기호의 의미가 더 중요하다.** 예를 들어 신호등의 빨간색 등은 빨간색이라는 색깔 그 자체보다 '정지'라는 의미가 더 중요하다. 그런데 일본에서는 기호가 의미와 분리되어 자유롭게 만들어지고 있다는 사실을 경험하고는 깜짝 놀랐다고 회고한다. 일본 전통 공연 가부키에서 여성역을 맡은 배우는 여성적 발성을 하지만 실제 여성이 아니다(가부키 출연자는 모두 남성이다), 도쿄라는 대도시의 중심에 궁이라는 비도시적 공간이 있다 등 여러 문화적 상황에서 기호와 의미가 분리되어 사용되는 것을 놀랍게 생각했다.

사실, 바르트가 일본을 제대로 이해했느냐 보다, 서구 세계에서 온 이방인이 미지의 기호에 대한 새로운 경험을 했다는 측면에서 의의가 있다고 볼 수 있다.

> ### 패션쇼는 무슨 의미일까?

패션쇼를 하는 의미를 모르겠어. 사실 패션쇼에 등장한 의상은 거의 못 입잖아. 똑같은 메이크업을 한 모델들이 머리에 엄청난 장식을 쓰고, 등에 날개를 달고선 무엇을 말하고 싶은 걸까? 저렇게 과한 치장으로 돌아다닐 수는 없잖아. 나는 가성비 좋고 편안한 일상복이 좋아.
바르트의 생각으로 이 사람에게 패션을 설명해 준다면?

 사고방식의 힌트!

패션에는 기호적 의미가 있다. 패스트패션 브랜드를 입는 것도 자기 나름의 메시지를 보내고 있는 것은 아닐까?

 모드(유행)와 기호

패션쇼의 새로운 컬렉션은 기호론적으로 실험적 작품이다. 작품을 바탕으로 디자인한 계절 컬렉션이 일반 의류 매장의 일상복으로 재탄생한다. 뉴욕, 런던, 파리, 밀라노 등의 패션위크에서 선보인 의상의 상징 콘셉트, 테마가 그대로 '기호'로 유지되어 의류매장에서 판매되는 것이다.

가을과 겨울 컬렉션의 테마가 '빛'이라면 '눈부신 여성'이라는 기호적 의미를 표현한다. 패스트패션 브랜드 경우 '일상복을 좋아한다', '나는 자유롭다'와 같은 기호적 메시지를 전달하고 있다.

벤야민

Walter Bendix Schönflies Benjamin
프랑크푸르트학파

> 복제 기술은
> 일회성의 탁월함을 앗아가지만…

국가 독일   사상 아우라, 파시즘   1892~1940
저서 《파사젠베르크》

아우라를 잃어버린 시대

⊙ 실제 상황을 놓쳐도 녹화본이 있으니 괜찮다?

프랑크푸르트학파인 발터 벤야민은 복제 기술 시대에 이상적인 예술 방식을 테마로 사유했다. 그는 '아우라Aura'라는 용어를 사용했는데, **아우라(오라)**는 예술 이론상의 개념으로 종교적 의례의 대상이 지니고 있는 절대적 장엄함을 의미한다. '저 사람은 아우라가 있다'라는 표현도 원래는 광채를 이미지화 한 것에서 유래했다.

벤야민에 따르면, **아우라는 시간과 공간이 엮여 그때, 그곳에서만 발생하는 일회성 현상이다.** 등산이나 산책처럼 재현성이 없는 그 당시만의 체험을 말한다.

르네상스기를 거치며, 예술 분야에 액자 회화처럼 자유롭게 이동할 수 있는 작품이 증가하기 시작했다. 시간이 더욱 흘러

사진이 발명되었고 영화처럼 복제 가능한 예술이 등장했다. 이로써 아우라는 완전히 소실되었다고 벤야민은 주장했다.

벤야민은 장면마다 별도로 촬영되고, 무한 복사할 수 있는 영화에서는 아우라를 기대할 수 없다고 말한다. 벤야민의 시대에 없었던 디지털 영상 기술의 발달로 더욱 복제가 증가하고 있으므로 지금 아니면 더 이상 볼 수 없다는 위기감은 확실히 없어졌다. 그러니 '아우라'가 사라진 것은 분명하다.

⊙ 디지털 기기의 발달은 파시즘에 대항할 수 있다?

벤야민은 이러한 현상이 '타락'이라고 개탄하지는 않았다. 일회성 감동이 사라져서 아쉽긴 하지만, **정치와 결합할 경우, 큰 움직임으로 이어질 수 있다**고 생각했다. 벤야민은 공산주의 입장에서 혁명적 정치를 위해, 대중과 예술의 새로운 관계 형성의 가능성을 바랐다. 촬영 장치가 발달하면 사건을 생생하게 전달할 수 있다. 또한, 인쇄 매체에서는 저자와 독자의 구별을 극복하고 독자의 의견이 신문과 같은 인쇄 매체에 피드백된다. 현재는 인터넷 환경이 구축되면서 피드백 작성이 더욱 쉬워졌다.

당시 벤야민은 영화 분야에서는 관객과 비전문가의 등장이 러시아에서 가능해졌음을 예로 들었다. 현대에는 일반인의 거리 인터뷰가 미디어에 노출되고 있다(동영상 공유 플랫폼이 그 궁극의 모습일지도 모른다).

벤야민은 미디어가 발달하면 민중이 참여할 수 있으므로 파시즘에 대항할 수단이 생긴다고 생각했다. 자본주의 사회 속에서의 파시즘은 미디어를 일방적으로 정치에 이용한다(벤야민은 제2차 세계대전 중 독일의 파시즘을 경험했고, 나치 추격자로부터 도망치던 중에 음독자살했다). 반면, 당시 공산주의 사회에서는 복제 가능한(아우라 없는) 새로운 미디어를 활용한 자유로운 표현과 정치가 연결되고 있다는 것이다. 이 경우 미디어는 금전적 이익과 무관하게 된다.

따라서, **아우라의 소실은 오히려 현대 정치와 예술의 새로운 관계를 구축하기 위한 기회**라고 할 수 있다. 벤야민은 할리우드식 스타 중심 구조가 아닌, 관객과 스태프도 창조에 참여하는 영화 본연의 자세에서 진정한 예술의 합리성을 찾고자 했다. 함께 만드는 영화가 이상적이라고 생각한 것이다.

연 습 문 제

동영상 강의가 있으니까 학원 안 갈래

고등학생들이 이야기를 나누고 있다.
"학원 다니기 귀찮아서, 스마트폰으로 동영상 강의를 보고 있어."
"그거 좋네. 학원은 비싸고, 시간 맞춰 가기도 귀찮잖아."
"사실, 학교 가서 수업을 들을 필요도 없지 않을까?"
"맞아. 시험도 인터넷으로 보면 되잖아."
벤야민의 생각으로 이 학생들에게 조언해 준다면?

 사고방식의 힌트!
일회성 아우라가 없으면, 집중하지 못할 수도 있다

 현장 수업도 동영상 수업도 모두 괜찮다

'아우라'는 일회성으로 빛나며 범접할 수 없는 장엄한 분위기이다.
동영상 강의는 여러 번 복습할 수 있으므로 학습에 유용하다.
반면, 교실 현장 수업은 그때만의 일회성 아우라가 있으므로,
'놓치면 안 된다'는 긴장감을 유지할 수 있다는 점에서 효과적
이다. 현장 수업의 일회성 아우라로 집중력을 향상하는 것이
좋다.
벤야민의 생각으로 상상해 보자면, 학교와 학원에서 동영상을
도입하여 정보교류를 원활히 하고, 개별 지도를 통해 일회성
아우라를 유지하는 시대가 도래할 것이다.

네그리, 하트

Antonio Negri I Michael Hardt
세계화

새로운 적, 〈제국〉에 대항하는 방법

국가 이탈리아, 미국   사상 제국, 탈영역성

네그리 1933~
하트 1960~

저서 《〈제국〉》, 《다중》(공저)

세계화란 무엇을 의미하는가?

⊙ 〈제국〉이란 무엇인가

'지금 세계는 어떻게 되어가고 있는가?' 누구나 한 번쯤은 이런 의문이 생길 것이다. 이탈리아인 안토니오 네그리와 미국인 마이클 하트는 2000년에 함께 저술한 《〈제국〉》을 통해, 이 의문에 답한다(제국을 〈 〉로 둘러싼 이유는 기존에 우리가 알고 있는 제국과 의미가 다르기 때문이다).

1980년대에 들어서자, 사회주의가 붕괴하고 미국은 제국화하였다. 《〈제국〉》은 2001년에 발생한 9.11 테러를 예견했다는 점에서 많은 이들의 관심을 끌었다. 네그리는 이탈리아의 마르크스주의 사상가이다. 따라서 《〈제국〉》은 좌파적 입장에서 세상을 설명하고자 했다.

전통적 제국주의와는 다른 〈제국〉이다. '제국주의'는 식민지

지배를 특징으로 하는 자본주의의 발전 형태이다. 그런데 완전히 다른 형태의 자본주의가 등장했다는 것이다.

　이 〈제국〉은 어디일까? 네그리와 하트는 '미국이 제국이다'라고 말하지 않았다. 하지만 대부분은 미국이 제국이라고 해석했다. 틀린 말은 아니지만, 〈제국〉은 미국을 비롯하여 더 넓은 지역으로 확장하고 하고 있으므로 '여기가 〈제국〉이다'라고 단정할 수 없다.

　미국과 같은 일극 집중화(중심 세력이 한쪽에 집중되는 현상)의 권력체제를 '제국주의'라고 생각할 수도 있다. 그러나 〈제국〉은 더 높은 차원의 이야기이다. 영토가 아니며 경계나 장벽이 없고 세계 전체로 확장된다. 〈제국〉은 **'탈중심적', '탈영토적'** 지배 장치이며 정해진 형태가 없어서 계속 확장된다.

⊙ 글로벌 시민이 된다?

원래 제국주의는 중심이 되는 국민 국가가 영토를 다른 국가로 확장하는 것이었다. 그러나 〈제국〉은 중심 국가가 없고, **국가를 초월한 제도와 세계에 퍼져 있는 다국적 기업이 결절점 역할을 하며 네트워크 같은 권력을 형성한다.**

〈제국〉에는 권력의 자리가 없기 때문에 어디에나 존재하며, 동시에 어디에도 존재하지 않는 가상의 방식을 취하고 있다. 따라서 〈제국〉의 통치에는 한계가 없고, 실제로 전 세계를 지배하는 체제를 취하게 된다. 마치 인터넷 게임상의 세계가 실제로 지구 전체에서 일어나고 있는 느낌이다.

'현대판 공산당 선언인가?'라는 생각이 들 수도 있는 네그리와 하트의 사상은 〈제국〉에 맞서는 혁명적 주체에 관해 이야기한다. 이 혁명적 주체는 전통적인 '노동자 계급(프롤레타리아트 Proletariat)'이 아닌, **'다중(멀티튜드 Multitude)'** 이라고 불린다.

'다중'은 국경을 초월한 네트워크상의 사람들이 세계화를 통해서 연결된 대항 세력이다. '다중'은 일치단결하지 않는다. '다중'은 학생, 여성, 외국인 노동자, 이민자를 포함하여 그 누구라도 구성원이 될 수 있다. 독자 여러분도 '다중'일 수 있다. '다중'은 인터넷으로 연결된 집합체라고도 할 수 있다.

인터넷 세계에서 '다중' VS 〈제국〉의 싸움이 이미 벌어지고 있는지도 모른다.

> 노동자 계급의 계급 투쟁이 필요하다

시장이 부족하면 자본주의 국가들은 식민지 정책에 착수한다. 이것이 제국주의이다. 실제로 미국은 세계의 경찰을 자부하며 경제적, 군사적으로 여러 지역을 장악하고 있으므로 제국주의라고 할 수 있다. 미국은 제국이므로 이를 물리칠 유일한 방법은 노동자 계급의 투쟁뿐이다. 네그리와 하트의 생각으로 이 사람에게 조언해 준다면?

 사고방식의 힌트!

냉전 종식 후 미국이 제국주의화한 것은 분명하지만, 더 다양한 형태로 확산하고 있는지도 생각해 보자.

 상대가 보이지 않으면 이쪽도 바뀔까?

국민국가 간의 대립이 사라진 시대에는 〈제국〉이라는 거대한 정치·경제·군사 복합체에 의해 일원적인 지배가 행해진다고 여겨진다. 〈제국〉은 중심이 없고 무한히 확장되며 이제 더 이상 외부가 존재하지 않는다. 상부에서 하부까지의 상호 네트워크로 복수의 정보교환을 관리·운영하는 세계화된 질서이다. 그렇다고 해서 〈제국〉에 지배당하는 것으로 끝나지 않고, 오히려 그 안에서의 새로운 정치적 주체, '다중'의 가능성을 볼 수 있다. 네그리와 하트는 전통적 좌파 운동이나 계급 투쟁이 아닌, 새로운 전략으로 〈제국〉에 대항할 것임을 시사했다.

롤스

John Bordley Rawls
정치철학

> 베일로 자신의 위치를 가리면
> 옳은 것을 볼 수 있다

`국가` 미국　　`사상` 정의, 격차원리　　　　　　　　　1921~2002

`저서` 《정의론》,《공정으로서의 정의》등

'정의'란 무엇인가

⊙ '무지의 베일'을 쓴다

　존 롤스는 20세기 정치철학과 경제학에 큰 영향을 준 미국 정치철학자이다. 벤담 이래 공리주의(p.116 참조)는 '최대 다수의 최대 행복'을 사회 목표로 삼는 것이 정의라고 주장했으며, 소수의 희생에 대해서 외면했다. 롤스는 고전적 공리주의를 비판하며, 사회적 격차를 극복하기 위한 **리버럴리즘**Liberalism을 설파했다. 리버럴리즘은 자유주의로 번역되지만, 롤스의 '자유주의'는 개인의 기본적 자유를 보장하되, 자본주의 안에서 빈부격차를 바로잡아야 한다는 입장이다.

　롤스는 자신의 저서 《정의론》을 통해, 정의에 대해 고찰하고 만장일치로 옳다고 동의한 것을 선택하는 방법을 제시했다. 우리는 각자의 처지가 다르므로 각자의 의견에도 차이가 생길

경쟁과 격차의
균형이 중요하네

수밖에 없다. 능력, 재능, 인종, 민족, 종교, 이해관계, 사회·경제적 지위 등이 모두 다르다. 그 안에서 정의를 찾으려면 어떻게 해야 할까?

롤스는 '**무지의 베일**Veil of Lgnorance'이라는 사고실험을 제안한다. 자신과 타인의 현재 위치를 인지하면 가치관도 달라지므로, 모든 조건을 베일로 가린다. 자기 정체성의 근원이 되는 정보에 대한 지식이 전혀 없는 **원초 상태**Original Position에 놓여 보는 것이다. 무지의 베일을 쓴 합리적인 개인은 자신이 최상의 상태보다 최하의 상태에 놓였을 때를 생각하게 되므로 평등하고 공정한 사회질서를 만드는 것에 동의한다. 일시적으로 현재 상태를 차단하는 무지의 베일을 쓰고 원초 상태에서 모두가 동의한 사회 구조야말로 공정하고 평등한 사회라는 것이다.

⊙ 정의란 무엇인가?

개인마다 '선한 삶'에 대한 각기 다른 구상을 가지고 있다.
게다가 종교, 도덕, 관습도 다양하므로 '선'을 우선시하면 무엇
이 '선'인지 모르게 되고, 대립이 생길 수 있다. 개인마다 각자
의 '선'이 있기 때문이다. 따라서 **공정한 사회(공공적인 정의)를 실
현하려면, 무지의 베일을 써서 선을 차단하고 배분의 방향을 중시
하는 것이다.** 이를 '**선에 대한 정의 우선성**'이라고 한다.

롤스는 정의의 두 가지 원칙을 내세웠다.

첫 번째는 **평등한 자유의 원칙**이다. 모든 사람은 평등하게,
최대한의 기본적 자유를 가져야 한다.

두 번째는 '**차등의 원칙**'이다. 사회·경제적 자원을 공정하게
배분한다는 원칙으로 '최소 극대화'와 '기회균등'의 조건을 충
족해야 한다. 자본주의 내에서의 리버럴리즘이기에 어느 정도
의 격차는 인정하지만, 사회·경제적 불평등으로 가장 축복받
지 못한 **최소 수혜자에게 최대 이익이 돌아가도록 해야 한다.**

또한, 우리 삶은 출생 환경, 재능, 기질, 재해나 사고 등 다양
한 우연성에 노출되어 있으므로 모든 결과의 책임이 반드시
자신에게 있다고 단정할 수 없다. 따라서 **사회적 행운으로 혜택
을 받은 사람은 열악한 처지에 놓인 사람에게 자신의 편익을 분
배해야 한다.**

이처럼 롤스는 자본주의라는 경쟁 사회에서 자유를 인정하
면서도 혜택받지 못한 사람들을 다 같이 끌어올려야 한다는
이념을 표방했다.

연 습 문 제

리버럴리즘에 근거해 부의 축적은 자유이다?

나는 리버럴리즘을 사랑한다. 왜냐하면 자본주의 사회니까 더 많이 사업체를 확장하고, 더 많이 경쟁하고, 더 많이 자산을 축적하며 행복하게 살 수 있다. 자유주의에서 빈부 격차는 자연스러운 결과이다. 약육강식 세계에서 강자 독식은 당연하다. 사회복지? 취약계층 재분배? 내가 어렵게 번 돈을 왜 그렇게 써야 하지? 가난은 본인의 책임일 뿐이다! 롤스의 정의론으로 보면 이 사람의 생각은 무엇이 문제일까?

 사고방식의 힌트!

자유주의에는 다양한 형태가 있다. 격차 사회를 바로 잡는 자유주의에 대해서도 생각해 보는 것이 좋다.

 리버럴리즘과 리버테리어니즘의 차이

리버럴리즘은 약자 구제라는 동기를 포함한다. 그 원리가 된 것이 '정의'의 개념이며, 롤스는 이를 '공정', 즉 '올바르게 배분한다'고 이해했다. **이러한 리버럴리즘을 비판한 사상이 '리버테리어니즘'인 자유의지주의 혹은 자유지상주의이다.** 정부의 권위를 최소한으로, 개인의 자유를 최대한 인정하는 입장을 취하며, 개인이 정당하게 취득한 재산을 가난한 사람에게 배분할 의무가 없다는 주장이다. 연습문제의 사상은 리버럴리즘이 아니라 리버테리어니즘이다.

프랭클

Viktor Emil Frankl
의미치료

> 어떤 일이 있더라도
> 인생에는 반드시 의미가 있다!

국가 오스트리아	사상 의미를 향한 의지	1905~1997

저서 《죽음의 수용소에서》,《삶의 의미를 찾아서》,《영혼을 치유하는 의사》 등

내가 태어난 이유는?

⊙ 희망을 잃으면 죽음에 이른다

신경학자이자 정신과 의사인 빅터 프랭클은 '**로고테라피** Logotherapy**(의미치료기법)**'를 창시했으며, 빈의 3대 심리치료학파로 꼽히는 로고테라피학파의 창시자이기도 하다. 로고테라피는 자기 삶의 의미를 스스로 찾을 수 있도록 안내하는 심리치료 기법이다.

프랭클은 제2차 세계대전 중에 나치에 의해 유대인이라는 이유로 강제 수용소에 수감되었으나 기적적으로 살아남은 홀로코스트 생존자이다. 안타깝게도 그의 아내와 가족들은 굶주림과 질병, 학살로 수용소에서 목숨을 잃었다. 그는 테레지엔슈타트, 아우슈비츠, 카우퍼링, 투르크맨 수용소를 거치면서 인간의 존엄함과 정신의 위대한 힘을 발견한다.

　죽음의 수용소라는 극한 상황에 놓이면, 인간의 정신은 어떻게 변화하고 어떤 행동을 취하게 되는가, 인간은 무엇에 절망하고, 무엇에서 희망을 찾아내는가에 대해서, 본인의 체험을 토대로 《죽음의 수용소에서》를 집필했다.

　수용소의 수감자 중 상당수가 질병이나 자살로 사망하였다. 의사로서 이들을 보살펴 온 프랭클은 인간의 정신이 생사를 가른다는 사실을 확증할 수 있었다. 언젠가는 집에 돌아갈 수 있다는 희망을 이루지 못하자 크게 실망하고 낙담하여 기력을 잃고 죽음에 이른 것이다. 희망을 잃은 사람은 스트레스에 취약해지고 때로는 죽음에 이르기도 한다. 특히, **더 이상 삶에서 아무것도 기대할 수 없다는 절망감에 빠지면 사람은 죽고 만다**. 이러한 현상은 현재를 살아가는 우리와도 무관하지 않다.

⊙ 삶이 나에게 묻는다

프랭클은 절망한 인간의 자살을 막으려면, 앞으로의 인생에 '무언가'가 기다리고 있음을 기대하게 할 필요가 있다고 말한다. 그렇게 하면, 정신적·신체적 능력(면역력도 포함)이 강화된다. 기다리고 있는 '무언가'는 사람이든, 일이든 무엇이든 다 좋다. 자신의 책임을 의식했을 때, 인간은 생명을 포기할 수 없다.

프랭클에 따르면, 인간은 '내가 어떻게 하면 행복해질 수 있을까', '내가 어떻게 하면 성공할 수 있을까'와 같이 **'나 중심적 인생관'**을 가지고 살아간다. 그리고 욕망이 충족된 다음에는 또 다른 갈망으로 자신을 몰고 간다.

우리는 고난과 역경에 빠졌을 때, 무료하거나 무기력할 때, 혹은 수시로 '내가 왜 이렇게 살아야 하지?'라며 삶에 질문을 던진다. 프랭클은 질문을 180도 전환하여 '삶이 나에게 질문을 던진다'고 생각해 보라고 조언한다.

'나는 무엇을 위해 태어났는가?', '내 삶에는 어떤 의미와 사명이 부여되어 있는가?'라고 질문을 바꾸고, '삶의 의미'에 대한 답을 찾도록 하자는 것이다.

프랭클이 말하길, 삶의 의미는 우리가 묻기도 전에 이미 삶에서 전달되어 있다. 우리가 해야 할 일은 우리 삶의 다양한 상황 앞에서 우리를 기다리고 있는 '누군가'가 있고, 우리를 기다리고 있는 '무언가'가 있다고 생각하는 것이다.

그 '누군가'와 그 '무언가'를 위해 자신이 할 수 있는 일이 있음을 깨달으면 삶을 포기하지 않고 힘차게 살아갈 수 있다.

> 이렇게 살아봤자 별수 있나?

하루하루가 지루하고 고통스럽다. 왜 나는 이렇게 괴롭게 살아야 할까. 더 살아 봤자 늙고 병들어 외롭게 죽을 뿐, 별로 좋은 일도 없을 것이다. 때로는 고통스러운 삶을 포기하고 싶다는 생각이 든다. 어차피 아무도 나에게 신경 쓰지 않는데, 나 하나 없어진다고 해서 대수겠어?
 프랭클의 사상으로 이 사람에게 조언해 준다면?

 사고방식의 힌트!

자신을 필요로 하는 '사명'이 있을 것이다. 그러니 살아야 할 의미가 있는 것이 아닐까?

 내 인생에는 어떤 의미가 있을까?

강제수용소에 수감된 상황에서 어떤 이는 죽음을 향해 가고, 어떤 이는 삶을 향해 갔다. 삶을 향하는 사람은 '미래에 대한 희망이 있다', '가족을 생각한다', '타인을 배려하는 마음이 있다', '숭고한 존재(신이나 영적 존재)와의 연결을 소중히 한다' 등의 특징을 가지고 있었다. **숭고한 정신과 풍요로움을 가지고 있기에 삶을 포기하지 않았던 사람들만 살 수 있었다.** 모든 것을 포기해서는 안 된다. 그러면 언젠가는 자기 삶에 'Yes!'라고 말할 수 있는 날이 반드시 온다.

러셀

Bertrand Arthur William Russell

분석철학, 논리학

기호 논리학으로 진위를 가려낸다

| 국가 영국 | 사상 수리철학, 기호 논리학 | 1872~1970 |

저서 《수학 원리》(공저), 《정신의 분석》, 《의미와 진리의 탐구》, 《철학의 제문제》 등

논리학이란 무엇일까?

⊙ 명제를 수학 기호로 표현하다

논리는 사고의 공식과 같다. 'A는 B이다. B는 C이다. 따라서 A는 C이다'라는 **삼단논법**을 체계화 한 아리스토텔레스 이후, 논리학은 철학의 한 분야로서, 수 세기에 걸쳐 진보해 왔다.

20세기 최고의 지성으로 칭해지는 영국의 수학자이자, 철학자인 버트런드 러셀에 이르러 새로운 논리학이 탄생한다. 그는 수리철학과 기호 논리학으로 분석철학의 기틀을 마련했다. 그가 확립한 **논리적 원자론**은 원자를 연결하듯이 개별 명제를 조합하여 문장을 기호화한 것으로 **기호 논리학**이라 칭해진다. 이는 러셀과 그의 스승 화이트헤드Alfred North Whitehead, 1861~1947의 공저 《수학 원리》를 통해 집대성되었다.

기호 논리학은 **명제 논리학**과 **술어 논리학**으로 분류되는데,

명제 논리학은 명제의 긍정·부정, 명제 간의 '접속 기호'에만 주목하여 언어를 기호화한다. 예를 들어, '이달이 3월이다'라는 명제를 p라고 하고, '입학식이 있다'를 q라고 하고, 이것을 '→'(그렇다면)이라는 접속 기호로 연결하면 'p→q', 즉 '이달이 3월이면 입학식이 있다'이다. p와 q의 의미나 내용은 차치하고, p와 q에 대한 기호 관계가 참(T)인지 거짓(F)인지만 판별한다.

술어 논리학은 '어떤 x'를 주어로 생각하고 다른 모든 것을 술어로 재고한다. '모든 인간은 동물이다'라는 문장을 술어화해 보자. '모든(∀) x에 대해서 x가 인간(H)이면(→), 그 x는 동물(A)이다'가 되고, 기호로는 ∀x (Hx→Ax)로 표현한다. 이처럼 논리학에서 사용하는 명제들의 모호성과 오류를 탈피하고 명제를 쉽게 다루도록 수학적 기호를 도입한 것이다.

⊙ 패러독스를 해결하려면?

러셀은 논리 분석에 클래스(계층·집합) 개념을 도입하여 **패러독스(역설)**를 분석했다. 패러독스란 올바른 전제와 확실한 추론으로부터 모순된 결론이 나오는 것이다.

유명한 예로 **'거짓말쟁이 패러독스'**가 있다. 한 크레타인이 모든 크레타인은 거짓말쟁이라고 말했다. 그의 말이 '참'이라고 가정하면, 그도 크레타인이므로 그의 말은 '거짓'이다. 그의 말이 '거짓'이라고 가정하면, 모든 크레타인은 거짓말쟁이가 아니고, 그의 말도 '참'이 된다. 그러면 다시 '모든 크레타인은 거짓말쟁이'가 '참'이고… 이런 식으로 계속 돌고 돌게 된다.

이러한 악순환이 발생하는 이유에 대해, 러셀은 **'한 집합의 모든 원소를 포함하는 것은 무엇이든 그 집합의 원소여서는 안 된다'는 원리를 위반했기 때문**이라고 생각했다. 즉, 크레타인이라는 집합의 모든 원소에 적용되는 명제를 그 집합의 원소인 크레타인이 말하고 있기 때문에 패러독스가 생긴 것이다.

러셀은 수학과 논리학 외에도 역사가, 사회 평론가, 사회개혁 운동가로도 활동했으며 비트겐슈타인(p.254 참조)을 포함해 훌륭한 제자들을 양성한 교육자이다. 1950년에는 노벨 문학상을 받기도 했다.

무엇보다도 제1차 세계대전 중에 철저한 반전주의자가 되어 적극적으로 평화운동을 전개했다. 또한, 제2차 세계대전에서 원자폭탄이 세상에 처음 등장한 것에 강한 충격을 받고 아인슈타인과 함께 핵무기 금지를 강력하게 호소했다.

> 모든 주머니가 들어가는 주머니란?

이것은 '이 세상의 모든 주머니가 들어가는 주머니'야. 이 주머니만 있으면 집안 곳곳에 널려있는 모든 잡동사니를 완벽하게 정리할 수 있지! 온갖 물건들을 작은 주머니에 담고, 이 주머니에 넣어 버리면 되니까. 뭐라고? 세상의 모든 주머니가 들어가는 주머니도 그 주머니에 들어갈 수 있냐고? 잠시만, 사용설명서를 좀 볼게.
러셀의 사상으로 보면 이 사람은 어떤 모순에 빠져있는가?

 사고방식의 힌트!

세상의 모든 주머니가 들어가는 주머니라는 말에 모순이 있다.

 ## 자연스러운 이치에도 패러독스가 있다

'세상의 모든 주머니가 들어가는 주머니'는 '세상의 모든 주머니'에 포함된다. 그러면 그 주머니 자체도 그 주머니에 들어가야 한다. 그러면 그 주머니는 보이지 않게 되므로 '세상의 모든 주머니가 들어가는 주머니'에서 '세상의 모든 주머니가 들어가는 주머니'를 꺼낸다. 그러면 '세상의 모든 주머니가 들어가는 주머니'라는 정의에 모순되므로, 주머니를 다시 넣는 무한 반복이 된다. '수업 시간에는 떠들지 마'라는 선생님에게 장난꾸러기가 '에이~ 선생님은 떠들잖아요~'라고 말하는 것도 논리학의 대상이라 할 수 있지 않을까?

비트겐슈타인

Ludwig Josef Johann Wittgenstein

분석철학

> 말할 수 없는 것에 대해서는
> 침묵할 수밖에 없다

국가 오스트리아　　사상 언어 게임　　　　　　　　　　1889~1951

저서 《논리철학 논고》,《철학적 탐구》등

이로써 철학적 난제는 사라졌다?

⊙ 언어의 한계가 세계의 한계

비트겐슈타인은 한때 철학계를 떠난 적이 있었다. 본인이 저술한 《논리철학 논고》를 통해 고대부터 수천 년 동안 이어져 왔던 **철학의 모든 문제를 해결했다**고 생각했기 때문이다.

비트겐슈타인의 철학은 언어 자체를 논리적으로 분석한다는 점에서 기존의 철학과 완전히 달랐다. 지금까지의 철학은 이전 철학의 내용을 비판하는 형태로 발전해 왔다. 예를 들어, '플라톤의 철학을 아리스토텔레스가 비판한다'라는 형태로 진화해온 것이다. 그러나 세계 그 자체는 인간이 이해할 수 있는 의미를 지니고 있지 않다. 인간이 세계를 이해하기 위해서는 인간이 이해할 수 있는 프레임이 필요하고, 그것은 언어이다.

따라서, 언어를 다루는 방법이 잘못되었다면 근본적으로 다

잘못된 것이 된다. 비트겐슈타인은 **기존 철학이 언어 사용에서 논리적인 잘못을 했기 때문에 모든 것이 잘못되었다고 판정했다**. 철학적 질문, 자체에 치명적인 문제가 있다는 것이다.

《논리철학 논고》의 논리 체계를 뒷받침하는 것이 **'그림 이론'** 이다. 비트겐슈타인에 의하면 세계(사실의 총체)와 언어는 동전의 양면처럼 일대일 대응으로 분리할 수 없는 관계이다. 언어가 세계의 사실 모두에 대응하고 모두 확인할 수 있도록 묘사하고 있다면, 사실에 대응하는 언어의 모든 것을 분석함으로써 세계를 올바르게 포착했는지 진위를 밝힐 수 있다.

반면, 사실을 확인할 수 없는 모호한 언어를 사용하면 문장 자체가 무의미해진다. '운명은 무엇인가', '신은 존재하는가', '선은 무엇인가'라는 문장에서 '운명', '신', '선'이 무엇을 나타내는지 매우 모호하다. 확실히 정의되지 않은 언어로 사실을 언어화할 수 없다. 언어로 대응되지 않는 사실을 논하고 있으므로 사실을 확인할 수 없는 문장이며, 이는 언어의 오용이다.

기존 철학(형이상학) 문제는 말할 것도 없이 무의미하다며, 《논리철학 논고》의 마지막을 다음과 같은 말로 끝맺었다.

"논할 수 없는 것에 대해서는 침묵해야 한다."

비트겐슈타인은 이로써 철학적 문제는 모두 해결되었다며 철학계에서 일단 물러났다.

⊙ 말이란 쓰이는 맥락 속에서 의미를 가진다

시간이 흘러, 비트겐슈타인은 《논리철학 논고》의 내용이 틀렸다면서 자신의 사상을 부정한다. 그림 이론이 틀렸다고 스스로 지적하며, 언어와 사실은 일대일 대응함으로써 의미를 가진다는 전제를 무너트렸다. 그는 언어가 일정한 형태의 생활 형식과 관계하여 규칙이 결정된다고 생각하게 되었다.

그렇게 **일상 언어 분석**으로 나아간다. 예를 들어, '아프다'는 말을 아무리 분석해도 '아프다'는 말밖에 할 수 없다. 하지만 '아프다'라는 말을 사용하여 일상에서 어떠한 상호 작용이 일어나는지는 알 수 있다. 만두를 '그것'에 찍어 먹는다고 하면 '그것'은 일반적으로 간장일 것이다. 이렇듯 '그것'은 특정한 상황에서 기능으로 작용한다. 이러한 언어 쓰임을 비트겐슈타인은 **'언어 게임**Language-Game**'**이라 칭했다. 이렇게 철학의 역할은 고민 상담에서 언어 분석으로 이동하게 된다(분석철학).

> ### 말이 아니야 마음이야
>
> 언어는 피상적이다. 먼저 마음으로 느끼고, 거기에 언어라는 라벨을 붙이는 것일 뿐이므로 말은 부차적이다. 말하지 않아도 마음은 전해진다. 우리 마음에서 느끼는 것이 진실이다. 어라? 그런데 이걸 표현하기 위해 '언어'를 사용했네?
> 비트겐슈타인의 사상으로 이 사람에게 조언해 준다면?

 사고방식의 힌트!

내용에 대한 정확한 설명 없이 눈치나 공감으로 전달된다는 '이심전심'식의 입장에서는 모순이 생길 수도 있다.

 모든 것은 언어로 이루어져 있다

우리는 전통적으로 마음속 진실과 입에서 나오는 말은 별개일 때가 많다고 생각해 왔다. 하지만 분석철학 입장에서는 **사고와 언어는 동전의 양면처럼 한 덩어리로 밀접한 관계를 이루므로, 언어를 사용하는 것이 곧, 철학을 하는 것이다.**

언어가 곧 사고이므로, 언어를 초월하여 진실을 구한다는 기존 철학과는 접근 방식이 다르다. 그러나 언어로 언어를 분석하고 그것도 언어로……. 왠지 도돌이표가 될 수 있으므로 신중하게 분석해야 한다.

주요 참고문헌

· 小林道夫, 坂部恵, 小林康夫, その他　著『フランス哲学·思想辞典』(弘文堂)
· 廣松渉 著『岩波哲学·思想事典』(岩波書店)
· 小林道夫 編纂『哲学の歴史 第5巻 (17 世紀) デカルト革命』(中央公論新社),
　『新倫理資料集』(実教出版)
· 渡辺義雄 著『立体哲学』(朝日出版社)
· 守屋洋, 守屋淳 著『中国古典の名言録』(東洋経済新報社)
· 富増章成 著『深夜の赤信号は渡ってもいいか？ いま使える哲学スキル』
　(さくら舎)
· 渡辺二郎 著『人生の哲学』(放送大学教育振興会)
· マイケル·サンデル 著, 鬼澤忍 翻訳『これからの「正義」の話をしよう』
　(早川書房)
· 細見和之 著『フランクフルト学派 − ホルクハイマー, アドルノから21世紀の「批
　判理論」へ』(中公新書)
· 船木亨 著『現代思想入門』現代思想史入門 (ちくま新書)
· 藤本 一勇, 清家竜介, 北田暁大, その他 著『現代思想入門 グローバル時代の
　「思想地図」はこうなっている！』(ＰＨＰ研究所)
· 仲正昌樹 著『集中講義！日本の現代思想　ポストモダンとは何だったのか』
　(ＮＨＫブックス)
· ジル·ドゥルーズ, フェリックス·ガタリ 著『アンチ·オイディプス』上·下　資本
　主義と分裂症 (河出文庫)
· ジル·ドゥルーズ, フェリックス·ガタリ 著『千のプラトー』上·中·下　資本主義
　と分裂症 (河出文庫)
· ヴィクトール·E·フランクル 著, 池田香代子 翻訳『夜と霧』(みすず書房)
· ショーペンハウアー 著『意志と表象としての世界』(中央公論新社)

용어 색인

마치며

"철학자가 하는 말이 다 달라!"
"주장하는 이론이 제각각이야!"
"그래서 뭐가 옳은 거지?"

이 책을 읽고 나서, 이런 느낌이 든다면, 맞습니다!
그것이 철학입니다.
모든 각도에서, 다른 이론을 주장하는 방법,
서 있는 자리를 바꾸고 정반대의 인격이 될 수 있는 기술,
그것이 철학입니다.

철학은 결코 하나의 주장을 강요하는 것이 아니라,
자신이 믿는 한 가지 믿음을 파괴하는 도구입니다.

많은 사람이 철학자는 융통성이 없다고 생각합니다.
사실, 그와 반대로 철학을 하면 사고가 유연해집니다.

철학적 사고에 빠져들면, 타인의 주장에 대해 사실 여부를 의심하게 됩니다. 그뿐만 아니라, 자신의 주장이 맞는지 아닌지도 알 수 없게 됩니다. 자기 생각을 의심하게 되면서, '이 생각을 검증할 사람은 나밖에 없네. 하지만 내가 내 생각을 검증할 수 있을까?'라는 불안감이 들지요.

그래서 누군가에게 의견을 구합니다. 그런데 '이 사람의 의견이 과연 옳을까?'라며 의심을 내려놓을 수가 없습니다. 그럼 또 다른 사람을 찾거나 책을 찾아 읽습니다.

그렇게 결국, 최종 판단을 내리는 역할은 자신에게 되돌아옵니다. 그리고 다시 한번 생각합니다. '내 생각이 잘못된 것일까? 혹시 망상일까?'라며 사고의 루프만 남습니다.

그러니 '이것이 옳다!'라는 안이한 발언은 결코 할 수 없게 되고, '그렇다고도 생각할 수 있다'라는 무난한 발상을 가지게 됩니다. 조심성이 많아진다고 말하는 편이 좋을지도 모릅니다.

'자기 의견이 없는 우유부단한 사람이 되는 건가?'라고 걱정할 수도 있겠지만, 사실 어떻다고 단언할 수 있는 나 자신은 존재하지 않습니다.

마치 스마트폰과 앱의 관계라고나 할까요? 스마트폰이 '나'이고 앱이 '철학'입니다. 머릿속에 다양한 철학을 다운로드해 보고, 유용하다 싶으면 그대로 사용하면 되고 그렇지 않으면 삭제하면 됩니다. 점진적으로 변화하는 사람이 스마트한 사람입니다.

생각하지 않거나, 같은 생각만 반복하면 머리가 굳습니다. 이는 송수신이 유일한 역할이었던 유선 전화처럼 되는 것과 같지요. 전화는 그래도 되지만, 사고는 고착되면 큰일입니다. 바로 스마트하게 풀어줍시다.

이러한 이유로 이 책은 한 번 읽는 것으로 끝나는 내용이 아닙니다. 고대 철학자의 사고방식으로 잠깐 생활해 보고, 안 될 때는 현대 철학자의 자유로운 분위기에 물들어 다양한 사상을 유람하듯 만끽해 보시길 바랍니다.

사람들끼리 의견 대립으로 갈등하고 있을 때도 '이쪽은 근대 사상이고 저쪽은 현대 사상이구나…'라며 속으로 살며시 구분해 보는 것도 좋습니다. 상대방이 불편하지 않을 정도로 철학 지식에 빗대어 중재해 보는 것도 괜찮지 않을까요?

결국, 철학은 어디에든 사용할 수 있는 만능의 학문이므로, 철학을 조금이라도 알고 있으면, 기존에는 보이지 않았던 세상의 비밀이 보이기 시작합니다. 이 책으로 철학에 흥미가 생긴다면 더 많은 철학의 미궁을 탐험해 보기를 추천합니다.

이 책이 여러분의 삶에 품위 있는 '기분 전환'이 되기를 진심으로 바랍니다.

토마스 아키나리

어려운 척하지 않는 만만한 철학 읽기
초역 **철학자 도감**

초판 1쇄 발행 · 2022년 9월 30일

지은이 · 토마스 아키나리
옮긴이 · 서희경
펴낸이 · 곽동현
디자인 · 정계수
펴낸곳 · 소보랩

출판등록 · 1988년 1월 20일 제2002-23호
주소 · 서울시 동작구 동작대로 1길 27 5층
전화번호 · (02)587-2966
팩스 · (02)587-2922
메일 · labsobo@gmail.com

ISBN 979-11-391-0908-5 14100
ISBN 979-11-391-0907-8 (세트)